hänssler

DIETMAR PRITZLAFF

Dokumentation biblischer Endzeitprophetie

Dietmar Pritzlaff, geb. 1968, kam mit 14 Jahren zum Glauben an Jesus Christus und war in einer lutherischen Gemeinde als Jugendleiter tätig. Seit 1996 ist er Mitarbeiter und Gemeindeleiter der Freien Gemeinde Datteln–Wendepunkt, an deren Gründung er beteiligt war.

Hänssler-Paperback
Bestell-Nr. 393.993
ISBN 3-7751-3993-1

Internet: www.haenssler.de
E-Mail: info@haenssler.de
Umschlaggestaltung: Jens Vogelsang, Aachen
Titelbild: The Yorck Projekt Gesellschaft für Bildarchivierung mbH
Satz: AbSatz, Klein Nordende
Druck und Bindung: Ebner & Spiegel, Ulm
Printed in Germany

Die Quellen wurden sorgfältig geprüft, konnten aber nicht in allen Fällen zweifelsfrei festgestellt werden. Für Hinweise ist der Verlag dankbar.

Inhalt

Eine Dokumentation biblischer Endzeitprophetie

Vorwort		7
1	Einleitung	9
2	Israel	13
3	Zerstörung Jerusalems	17
4	Juden werden zerstreut werden in alle Nationen	23
5	Rückkehr Israels	33
6	Streit um Jerusalem	39
7	Viele Verführer kommen (in Jesu Namen)	41
8	Kriege und Konflikte	45
9	Große Erdbeben	49
10	Hungersnöte	57
11	Seuchen	67
12	Große Zeichen vom Himmel – Kräfte der Himmel werden erschüttert werden – Überschwemmungen	71
13	Christen werden verfolgt werden	81
14	Gesetzlosigkeit nimmt überhand – die Liebe erkaltet in den Menschen – der Umgang wird härter	89
15	Das Evangelium wird auf der ganzen Erde verkündigt werden	97
16	Ein neuer Tempel ist vorhanden	101
17	Ein Mensch, Land oder Machtgebilde hat Macht über alle Nationen	105
	17.1 Zusammenarbeit auf militärischer und polizeilicher Ebene	111
	17.2 Verschärfung der Gesetzgebung – Aufweichung des Datenschutzes – Vernetzung von Daten	112
	17.3 Weltweite Überwachung und Kontrollmöglichkeiten	121
18	Epilog	133
Literaturverzeichnis		137

Vorwort

Die grausamen Terrorakte in New York haben weltweit Menschen bewegt und zum Nachdenken gebracht. Warum ist so etwas möglich? Was wird mit unserer Welt noch passieren? Ein knappes Jahr später hat die Jahrhundertflut in Deutschland vielen Menschen neu vor Augen geführt, wie hilflos der Mensch trotz unseres technischen Fortschritts ist. Die Kriege in Afghanistan und im Irak haben die Menschen weltweit in Angst und Ungewissheit versetzt. Viele fragen sich, wie sie diese Ereignisse deuten sollen. Ich möchte in meinem Buch die Bibel befragen.

Diese ist ein prophetisches Buch: angefangen vom 1. Buch Mose bis zur Offenbarung des Johannes. Die Bibel enthält eine Vielzahl von Vorhersagen, von denen viele schon nachweislich in Erfüllung gegangen sind. Diese Tatsache macht die Aussagen der Bibel für unsere Zeit glaubhaft.

Die Heilige Schrift sagt vieles voraus, was mit dieser Welt passieren wird. Die Prophezeiungen, die sich auf die letzte Zeit der Welt, die Endzeit, beziehen, sind den Menschen in erster Linie gegeben worden, damit sie erkennen und beurteilen können, wann Jesus wiederkommen wird. Mit meinen Ausführungen möchte ich darstellen, welche Prophezeiungen in Bezug auf die letzten Dinge der Welt schon erfüllt sind und welche noch nicht. Am Anfang eines jeden Kapitels gebe ich Bibelverse an, in denen Voraussagen stehen, die in der Endzeit in Erfüllung gehen werden. Anhand von Quellen versuche ich dann zu dokumentieren, wie die Prophetien in Erfüllung gegangen sind, welche Voraussagen noch ausstehen und wie verschiedene vorhergesagte Geschehnisse sich in Zukunft erfüllen können.

Dem Leser, der sich bisher mit der Bibel und dem christlichen Glauben noch nicht auseinander gesetzt hat, möchte ich durch dieses Buch ein Stück weit deutlich machen, dass die Bibel nicht ein Buch wie jedes andere ist, sondern dass Gott dadurch den Menschen seinen Willen offenbart und er zu seinen Voraussagen steht.

Dem Leser, der sich mit der Bibel auseinander setzt und an Jesus als den Sohn Gottes glaubt, möchte ich eine Hilfe zur Beurteilung der Dinge geben, die geschehen sollen.

Aus zwei Gründen liefere ich keine detaillierte Reihenfolge der in der Bibel vorausgesagten Ereignisse. Zum einen gibt es schon genügend gute und leider auch weniger gute Bücher, die sich mit dieser Thematik beschäftigen. Zum anderen traue ich es mir schlicht und einfach nicht zu, da selbst Jesus den Tag seiner Wiederkunft nicht kennt, sondern nur sein Vater.

Die zitierten Bibelstellen und Informationen sind kursiv dargestellt. Die Bibelstellen sind der Übersetzung Martin Luthers in der revidierten Fassung von 1999 entnommen.

1 Einleitung

»Und er sagte ihnen ein Gleichnis: Seht den Feigenbaum und alle Bäume an: wenn sie jetzt ausschlagen und ihr seht es, so wisst ihr selber, dass jetzt der Sommer nahe ist. So auch ihr: wenn ihr seht, dass dies alles geschieht, so wisst, dass das Reich Gottes nahe ist.« *Lukas 21, 29-31*

Diesen Vergleich gibt Jesus seinen Nachfolgern am Ende einer Rede, in der er seinen Jüngern voraussagt, was passieren wird, bevor er wiederkommt. Jesus fordert seine Nachfolger auf den Feigenbaum zu betrachten: »Seht den Feigenbaum.« Wenn der Feigenbaum und alle Bäume anfangen auszuschlagen wissen wir, dass der Sommer nahe ist. Genauso sollen uns die biblischen Voraussagen dazu dienen zu erkennen, wie weit die Endzeit der Welt fortgeschritten ist.

Was ist unter »Endzeit« im biblischen Sinne zu verstehen? Endzeit ist die Zeit, die dem erneuten Erscheinen Jesu Christi vorausgeht. Sie ist durch besondere Zeichen gekennzeichnet, die Gott durch seine Propheten, seinen Sohn und dessen Apostel angekündigt hat. Die Bibel nennt diese vorausgesagten Ereignisse »Zeichen der Zeit«.

Die Bibel lehrt,

- dass die Welt nicht für ewig besteht,
- dass Gott einmal ein Ende mit dieser Welt macht,
- dass Jesus einmal wiederkommt,
- dass Gott die Menschen und Nationen richten wird,
- dass Jesus seine Gemeinde einmal zu sich entrücken wird.

Das sind einige Stichpunkte, die die Bibel im Zusammenhang mit der Endzeit betont.

Geht die Welt bereits auf ihr Ende zu und wie weit ist der Zeiger auf der Weltenuhr Gottes schon gewandert?

Auf diese uralten und dennoch stets aktuellen Fragen versuchten die Menschen zu allen Zeiten eine Antwort zu finden. Ansatzpunkte dazu bietet das Wort Gottes, das immer wieder von der »Zeit des Endes« (Daniel 8,17-19), von »künftigen Zeiten« und vom »Ende« (Daniel 2,28 u. 12,13), dem »Ende der Welt« (Matthäus 13,40; Matthäus 24,3; Matthäus 28,20), von »den letzten Tagen« (2. Petrus 3,3) und den »letzten Zeiten« (Judas 18) spricht.

Die Propheten im Alten Testament sahen voraus, dass Gott in die Geschichte eingreifen würde. Sie nennen das den »Tag des Herrn«. Mit diesem Eingreifen wird Gott Sünde, Tod, Rebellion und allem, was sonst schlecht ist, ein Ende setzen. Ein völlig neues Zeitalter wird beginnen. In ihren Endzeitprophetien versuchen die Propheten ein Bild dieser kommenden Heilszeit zu malen. Es gibt keine Kriege, Wolf und Lamm weiden zusammen, ein König, der Messias, regiert in Gerechtigkeit.

Dann kam Jesus. Er nahm für sich in Anspruch, dass mit ihm die Erfüllung dieser Prophetien begann, dass diese Heilszeit (das heißt vor 2.000 Jahren) angebrochen war. Tatsächlich gab es Zeichen, die auf diese Heilszeit hindeuteten. Kranke wurden geheilt, Tote wurden auferweckt und so weiter. Nur, was den Zeitgenossen Jesu große Schwierigkeiten bereitete, war, dass er das böse Zeitalter nicht beendete. Es gibt weiterhin Sünde und Tod. Eine Zeit der Überschneidung begann. Weltreich und Gottesreich existieren Seite an Seite. Das Heil und die Herrschaft des Messias haben angefangen und sind gleichzeitig eine noch zukünftige Realität. Diese wird erst bei der Wiederkunft Jesu vollständig verwirklicht.

Diese ganze Zeit der Überschneidung bezeichnet die Bibel als »Endzeit« oder »letzte Tage«. Für die ersten Christen war klar, dass sie bereits in der Endzeit leben. Der Zeitraum von Christi Himmelfahrt bis zu seiner Wiederkunft ist Endzeit – Endzeit der alten Weltordnung, die letzten Tage der Erde (Johannes 14,3; Apostelgeschichte 1,11).

Die Endzeit ist eine Zeit der Spannung. Zwei Königreiche stehen sich gegenüber. Weltanschauungen prallen aufeinander. Es werden Ansprüche erhoben, die sich gegenseitig ausschließen. Das war im ersten Jahrhundert schon so. Wer war Herr und Gott: der Kaiser in Rom oder dieser neue König, Jesus? Christen behaupten, es sind nicht die alten Götter von Griechenland und Rom, es ist nicht der Kaiser in Rom, es ist nicht Adolf Hitler in Berlin, nicht Kim Jong Il in Nordkorea, nicht der fundamentalistische Islam mit seinem totalitären Anspruch, es sind auch nicht der autonome Mensch oder die Banken und Konzerne, sondern Jesus Christus ist Herr und Gott. Da sind Konflikte vorprogrammiert. Darum wird es während dieser Endzeit immer wieder große Turbulenzen geben. Gutes und Schlechtes wird geschehen – es ist eine Zeit der Spannungen.

Wie wir noch sehen werden, begleiten uns die Zeichen der Zeit schon seit 2.000 Jahren. Aber durch die Zeichen der Zeit können wir nicht genau errechnen, wie viel Zeit noch übrig bleibt, bis Jesus wiederkommt. Bisher hat jede Generation von Christen gemeint, dass sie wahrscheinlich die letzte sei. Aber wir können es nicht wissen. Jede Generation vor uns hat sich geirrt; das sollte uns eine Warnung sein. Die Zeichen sagen uns nicht, wie viel Zeit noch übrig bleibt. Stattdessen sagen sie uns, in was für einer Zeit wir leben. Endzeit – Zeit der Spannung. Die alte Weltordnung geht zu Ende.

Was tut Gott in diesen letzten Tagen? Gottes Priorität für die Endzeit ist, dass das Evangelium allen Völkern verkündigt wird. Mission ist das große Ziel. Jesus, der verheißene Erlöser, ist gekommen. Diese Botschaft muss allen Völkern verkündigt werden. Darum geht es. Trotz aller Turbulenzen und Kriege soll die Welt mit dem Evangelium erreicht werden. Es ist ein neuer König da und Gottes vorrangiges Ziel für die Endzeit ist, dass diese Botschaft an allen Enden der Welt verkündigt wird.

2 Israel

»Denn du bist ein heiliges Volk dem HERRN, deinem Gott; dich hat der HERR, dein Gott, erwählt zum Volk des Eigentums aus allen Völkern, die auf Erden sind. Nicht hat euch der HERR angenommen und euch erwählt, weil ihr größer wäret als alle Völker – denn du bist das kleinste unter allen Völkern –, sondern weil er euch geliebt hat und damit er seinen Eid hielte, den er euren Vätern geschworen hat. Darum hat er euch herausgeführt mit mächtiger Hand.« 5. Mose 7, 6-8

Ein Zeichen der Endzeit fällt ganz besonders auf: Israel! Viele Prophezeiungen der Bibel beschäftigen sich mit der Zukunft des Volkes Israel, mit dem Heiligen Land und der Stadt Jerusalem. Das Eintreffen der Ereignisse hat teilweise in biblischer, aber auch erst in nachbiblischer Zeit stattgefunden. Ein Teil hat sich noch nicht erfüllt und steht für die Zukunft aus. Mitteilungen über das jüdische Volk oder das Land Israel erscheinen heute nahezu täglich in den Medien. Israel ist nicht nur von weltgeschichtlicher, sondern in erster Linie von heilsgeschichtlicher Bedeutung. Es gibt heute unzählige lebende Sippen, Stämme und Völker, darunter große und mächtige, aber auch kleine und unbedeutende. Im Laufe der Menschheitsgeschichte sind viele Völker aufgetaucht, aber auch wieder versunken. Unter allen diesen Völkern aus grauer Vorzeit bis in unsere Tage ragt ein Volk auf ganz besondere Weise heraus: Israel!

Sehen wir uns deshalb ein paar von Israels Besonderheiten an.

Israel wird als »das auserwählte Volk Gottes« bezeichnet. Israel wurde von Gott nicht deshalb auserwählt, weil es im Vergleich zu allen anderen Völkern besondere Vorzüge und Qualitäten hätte. Gottes Wort berichtet uns sogar, dass es ein sehr »halsstarriges Volk« sei (2. Mose 33,5).

Die Erwählung Israels ist mit einer Aufgabe verbunden. Israel soll den anderen Völkern Gottes Offenbarung weitergeben. Dies geschah und geschieht nicht etwa durch weltweites Predigen und Missionieren, sondern indirekt durch die Existenz, die besondere Lebensweise und die geschichtliche Führung dieses Volkes. Das unumstößliche Festhalten Israels an dem einzigen Gott, dem Gott Abrahams, Isaaks und Jakobs, und am Alten Testament hat immer wieder Aufsehen erregt. Israel fiel auf durch das Halten der von Gott verordneten Speisevorschriften, der von Gott festgelegten Feiertage, des von Gott angeordneten Gottesdienstes und seine Liebe zu Gottes Wort in den Schriftrollen. Durch seine Verehrung und Hochschätzung des Alten Testaments wurde es zum Verkünder seiner Offenbarung. Durch die Israeliten will Gott den Völkern seinen Willen und seine Macht kundtun.

Die Missachtung und Ablehnung des Messias (Jesus) wurde Israel zum grausamen Schicksal. Der Ruf »Sein Blut komme über uns und über unsere Kinder!« (Matthäus 27,25), unbesonnen von einem aufgehetzten Volk beim Prozess vor Pilatus geäußert, hatte eine vorhersehbare Strafe zur Folge: Israels Zerstreuung unter alle Völker der Erde.

Genauso kam es. Die Römer eroberten, zerstörten und schleiften die heilige Stadt und verjagten die Juden und führten den Rest in Gefangenschaft.

Gott bewahrte Israel vor der totalen Vernichtung, als die Römer Jerusalem einebneten und das Wohnen im Heiligen Land für Juden verboten. Und auch als Hitler die »Endlösung« mit der Auslöschung aller Juden anstrebte, war Gott mit ihnen: Es gelang nicht. Denn er hat mit diesem Volk immer noch Pläne. Er hat Israel zum Zeichen für alle Völker gesetzt. An Israel demonstriert Gott seine Strenge und Gerechtigkeit, aber auch seine Barmherzigkeit und Gnade! An Israel zeigt er allen Menschen durch Prophetie und Erfüllung die Wahrhaftigkeit seines Wortes.

Was wäre nun für dieses kleine, zerstreut lebende und heimatlose Volk normaler gewesen, als im großen Völkermeer unterzugehen?

Warum leben die damaligen Nachbarvölker Israels nicht mehr? Wo sind die Edomiter, die Moabiter, die Peresiter, die Jebusiter, die Hetiter? Wo sind die Chaldäer und wie sie alle hießen? Sie sind im Völkermeer untergegangen! Warum eigentlich das kleine Völkchen Israel nicht?

Selbst große und bedeutende Völker wie die Babylonier und die Meder wurden vom Völkermeer verschlungen.

Wo sind die Kelten, die Hunnen, die Goten, die Mauren? Ihre Nachkommen haben sich mit anderen Völkern dieser Erde vermischt. Als völkische Einheit mit speziellen Sitten und Gebräuchen, mit eigener Sprache und Religion existieren sie nicht mehr.

Israel dagegen existierte stets als Volk, auch während der Zerstreuung, auch ohne eigenes Land und ohne eigenen Staat. Seine Eigenarten hat Israel nie aufgegeben. Das ist das besondere Wunder an Israel: Obwohl das Volk, an dem Gott sein Wirken kundtut, aus seinem Lande vertrieben, heimatlos und rechtlos zerstreut inmitten großer fremder Völker wohnte, blieb es dennoch erhalten.

Warum ist das so? Gibt es eine stichhaltige Antwort auf dieses Phänomen? Es gibt aus meiner Sicht tatsächlich nur eine Antwort darauf: Gott will es so!

Nur auf diese Tatsache ist zurückzuführen, dass die Israeliten alle politischen Stürme, alle Verfolgungen und alle Ausrottungsversuche als Volk überstanden haben – bis in unsere Tage.

Mit Israels Existenz bis auf den heutigen Tag gibt Gott ein unübersehbares Zeichen seiner Treue zu diesem Volk und für die Wahrheit seines Wortes!

3 Zerstörung Jerusalems

»Denn es wird eine Zeit über dich kommen, da werden deine Feinde um dich einen Wall aufwerfen, dich belagern und von allen Seiten bedrängen und werden dich dem Erdboden gleichmachen samt deinen Kindern in dir und keinen Stein auf dem andern lassen in dir, weil du die Zeit nicht erkannt hast, in der du heimgesucht worden bist.« *Lukas 19, 43+44*

»Und als einige von dem Tempel sagten, dass er mit schönen Steinen und Kleinoden geschmückt sei, sprach er: Es wird die Zeit kommen, in der von allem, was ihr seht, nicht ein Stein auf dem andern gelassen wird, der nicht zerbrochen werde.« *Lukas 21, 5+6*

»Wenn ihr aber sehen werdet, dass Jerusalem von einem Heer belagert wird, dann erkennt, dass seine Verwüstung nahe herbeigekommen ist. Alsdann, wer in Judäa ist, der fliehe ins Gebirge, und wer in der Stadt ist, gehe hinaus, und wer auf dem Lande ist, komme nicht herein. Denn das sind die Tage der Vergeltung, dass erfüllt werde alles, was geschrieben ist. Weh aber den Schwangeren und den Stillenden in jenen Tagen! Denn es wird große Not auf Erden sein und Zorn über dies Volk kommen, und sie werden fallen durch die Schärfe des Schwertes und gefangen weggeführt unter alle Völker, und Jerusalem wird zertreten werden von den Heiden, bis die Zeiten der Heiden erfüllt sind.«
Lukas 21, 20-24

Im Jahre 63 v. Chr. marschierten die Römer unter dem Feldherren Pompejus in Jerusalem ein. Er machte Juda zur römischen Provinz Judäa. Die Juden erwarteten voller Hoffnung den Messias, der sie von den Römern befreien sollte. In dieser Zeit wirkte Jesus Christus. Er predigte vom Reich Gottes und rief die Menschen auf, zu Gott umzukehren. Die religiösen Führer seiner Zeit ließen ihn festnehmen und hinrichten. Drei Tage danach stand er vom Tod auf. Seine Nachfolger erkannten in ihm den von Gott verheißenen Retter, der als Opfer für die Schuld jedes Menschen gestorben war, um die Menschen mit Gott zu versöhnen. Sie verbreiteten diese Botschaft in der ganzen Welt. Hier begann die Geschichte des christlichen Glaubens. Die meisten Juden jedoch glaubten Jesus nicht und nahmen im Jahre 66 n. Chr. die Befreiung von der Herrschaft der Römer selbst in die Hand. Dieser Jüdische Krieg führte zur Belagerung Jerusalems. Bei der Eroberung im Jahre 70 metzelten die römischen Soldaten die meisten Einwohner nieder, verbrannten den Tempel mitsamt den Flüchtlingen darin und legten ganz Jerusalem in Schutt und Asche. Über eine Million Menschen starben dabei. Im Jahre 73 n. Chr. endete der Jüdische Krieg mit dem Fall der Felsenfestung Massada am Toten Meer, wohin sich die letzten jüdischen Überlebenden geflüchtet hatten. Der endgültige Untergang Israels vollzog sich im Jahre 135 n. Chr., nach der Niederschlagung des Bar-Kochba-Aufstandes. Um die Erinnerung an die jüdische Vergangenheit des Landes auszulöschen, wurde Judäa in »Palästina«, zu deutsch: »Philisterland«, umbenannt. Jerusalems Trümmer wurden nach römischer Sitte mit einem Joch Ochsen umgepflügt. An ihrer Stelle errichteten die Römer die Garnisonsstadt »Aelia Capitolina«.

Der jüdische Geschichtsschreiber Flavius Josephus schildert eindrucksvoll die damaligen Ereignisse. Josephus war ein jüdischer Geschichtsschreiber im Dienste Roms. Im Jahre 37 oder 38 n. Chr. in Jerusalem geboren, entstammte er dem Priesteradel und kämpfte im jüdischen Aufstand gegen die Römer, die ihn bei Iotapa unter obskuren Umständen gefangen nahmen (67 n. Chr.). Weil Josephus Vespasian die Kaiserwürde vorhersagte, wurde er von diesem begnadigt und später in Rom freigelassen. So auf die Seite der Römer gewechselt, lebte er nach der Eroberung Jerusalems durch Titus als Schriftsteller und Günstling der Flavier in Rom, wo er in griechischer Sprache seine Hauptwerke verfasste: »Der jüdische Krieg«, »Jüdische Altertümer« und »Über das hohe Alter des jüdischen Volkes«. Josephus starb um das Jahr 100 n. Chr. in Rom.

Nachfolgend gebe ich auszugsweise die Beschreibung Josephus' wieder, wie die Zerstörung Jerusalems durch die Römer ablief.

»Da es nun für das Heer mit dem Morden und Plündern vorbei war und da der Zorn eigentlich kein Ziel mehr hatte, gegen das er sich richten konnte – denn aus Erbarmen hätten die Soldaten wohl niemanden geschont –, gab der

Caesar Befehl, die ganze Stadt und den Tempel zu schleifen. Einzig die Türme Phasael, Hippikos und Mariamne, die höher waren als die anderen, sowie der westliche Teil der Umfassungsmauer sollten erhalten bleiben; die Mauer, um die Anlage eines Lagers für eine künftige Besatzung zu erleichtern, die Türme jedoch, um den späteren Geschlechtern eine Vorstellung zu geben, wie großartig und wie kolossal die Stadt befestigt war, die den tapferen Römern zum Opfer fiel. Den Rest der Stadtmauer ebneten die Sieger so nachhaltig ein, dass fremde Besucher keine einstige menschliche Siedlung dort mehr erkannt hätten. So kläglich endete diese großartige, in aller Welt berühmte Stadt Jerusalem wegen des Wahnwitzes ihrer Einwohner.«

(Quelle: Flavius Josephus, Der jüdische Krieg, Goldmann Verlag, München 1996, 8. Auflage, S. 520)

»Mit gezückten Schwertern ergossen sie sich nun in die engen Gassen, und wen sie erwischten, den schlugen sie nieder. In die Häuser warfen sie Brände, in denen die Juden Zuflucht gesucht hatten, und legten sie in Schutt und Asche mit allem, was sie bargen. Oft, wenn sie bei ihrem Zerstörungswerk in ein Haus eingebrochen waren, stießen sie auf ganze Familien, die tot dalagen, und die Dächer lagen voll von den Leichen der Hungertoten, ein Anblick, der sie so erschrecken ließ, dass sie die Häuser wieder verließen, ohne etwas anzurühren. So sehr sie jedoch die auf diese Weise ums Leben Gekommenen bemitleideten, so wenig galt dies gegenüber den Lebenden: Wer ihnen begegnete, empfing den Todesstreich, und so waren die Gassen unpassierbar vor lauter Leichen, und das Blut floss in Strömen in der Stadt, sodass es manches Feuer löschte. Erst gegen Abend war des Mordens ein Ende, die Feuersbrunst aber raste die Nächte hindurch. Am achten Gorpiaeus ging die Sonne über dem schwelenden Jerusalem auf, über der Stadt, die während der Belagerung solche Qualen auszustehen hatte, dass sie tatsächlich zu beneiden gewesen wäre, hätte sie seit ihrer Gründung ein gleiches Maß von Glück genießen dürfen. Das Missgeschick aber hatte sie durch nichts anderes auf sich gezogen als dadurch, dass sie eine Generation hervorbrachte wie diese, die ihr zum Verderben war.«

(Quelle: Flavius Josephus, Der jüdische Krieg, Goldmann Verlag, München 1996, 8. Auflage, S. 515)

»... Der Caesar aber war sich jetzt darüber im Klaren, dass es seinen Soldaten nur den Untergang brachte, wenn er die fremden Heiligtümer schonte, und so gab er Befehl, die Tore in Brand zu stecken ...

Inzwischen hatten die Soldaten schon die Tore angezündet, und die schmelzenden Silberbeschläge eröffneten dem Feuer den Weg zum Holzgebälk, von wo aus es mit einem Mal hervorflammte, um auf die Hallen überzugreifen. Nun, da die Juden sahen, wie der Brand aufloderte, verließ sie die physische Kraft ebenso wie die moralische, und voll Entsetzen wagten sie keine Abwehr mehr, sondern sie standen wie versteinert da und sahen tatenlos den Dingen zu. So sehr sie aber durch den Brand demoralisiert wurden, so wenig waren sie eines vernünftigen Gedankens fähig hinsichtlich der Rettung dessen, was noch zu retten war. Sie gaben sich stattdessen so, als wäre der Tempelbrand nunmehr unabänderlich, und ihre Verbitterung gegen die Römer wurde nur noch größer. Den ganzen Tag und die ganze Nacht wütete der Brand, denn die Römer konnten die Hallen nur eine nach der anderen einäschern, nicht alle auf einmal.«

(Quelle: Flavius Josephus, Der jüdische Krieg, Goldmann Verlag, München 1996, 8. Auflage, S. 493 + 494)

»Der Caesar war nun nicht mehr in der Lage, seine in Raserei geratenen Soldaten zu zügeln, das Feuer breitete sich immer weiter aus. Und nun war der Augenblick gekommen, da er mit den Offizieren das Allerheiligste betrat und schaute, was darin verhüllt war. Alles, was er zu sehen bekam, übertraf an Erhabenheit die Erzählungen der Fremden und entsprach gänzlich der nahezu übertriebenen Anschauung, die die Einheimischen davon hatten. Weil sich nun das Feuer noch nicht bis in das Innerste gefressen hatte, sondern erst die benachbarten Räume verheerte, war er der richtigen Meinung, das erhabene Werk könne noch gerettet werden, und er sprang hinzu und tat nicht nur alles, um die Soldaten zum Löschen zu veranlassen, sondern er gab auch dem Centurio Liberalis, der zu seinen Leibwächtern gehörte, den Auftrag, jedem, der sich weigerte, Stockhiebe zu versetzen und ihn so dazu zu zwingen. Aber die Wut, der Hass gegen die Juden und der kämpferische Schwung waren wirksamer als die Rücksichtnahme auf den Caesar und die Furcht vor seiner Strafe. Der größte Teil fühlte sich auch durch die Hoffnung auf Raub angestachelt,

glaubten sie doch mit aller Sicherheit, das Tempelinnere strotze vor Schätzen aller Art, nachdem schon das Äußere aus lauter Gold bestand. Und indem der Caesar hinzusprang, den Soldaten zu wehren, hatte schon einer von den Eingedrungenen in der Dunkelheit unter die Türangeln den Brand gelegt; als nun aber mit einem Mal auch von innen der Brand aufloderte, verließen die Offiziere mit dem Caesar den Schauplatz, und die Soldaten, die außen um das Heiligtum strichen, konnten ungehindert dem Feuer weitere Nahrung geben. So wurde der Tempel gegen den Willen des Titus ein Raub der Flammen. Nun ist freilich die Zerstörung eines Bauwerks beklagenswert, das alle anderen vom Schauen und vom Hören berühmten Gebäude an Herrlichkeit und Größe überhaupt, besonders aber durch den Wert der Details und durch die Erhabenheit des Allerheiligsten weit übertraf; doch gleichwohl hat der Gedanke noch reichlichen Trost, dass das Schicksal weder etwas Lebendiges noch ein Werk aus Menschenhand, mag es sein wo immer, verschont. Eigenartig ist es, wie genau das Schicksal sich an die Zeit hält, fügte es doch, wie schon gesagt, dass der Tempel am gleichen Tag und im gleichen Monat zerstört ward, da ihn auch einst die Babylonier in Flammen hatten aufgehen lassen. Von der ersten Errichtung des Tempels durch König Salomo bis zu seiner Vernichtung in unserer Zeit – es war das zweite Regierungsjahr des Vespasian – zählt man 1130 Jahre, 7 Monate und 15 Tage; von seiner zweiten Errichtung, die im zweiten Regierungsjahr des Cyrus der Prophet Haggai veranlasste, bis zu seinem Ende unter Vespasian errechnen sich 639 Jahre und 45 Tage.«

(Quelle: Flavius Josephus, Der jüdische Krieg, Goldmann Verlag, München 1996, 8. Auflage, S. 498 + 499)

Diese Schilderungen Josephus' zeigen in brutaler Art und Weise, wie wortwörtlich die biblischen Vorhersagen eingetroffen sind. Jerusalem wurde bis auf die Grundmauern zerstört.

4 Juden werden zerstreut werden in alle Nationen

»Denn der HERR wird dich zerstreuen unter alle Völker von einem Ende der Erde bis ans andere, und du wirst dort andern Göttern dienen, die du nicht kennst noch deine Väter: Holz und Steinen. Dazu wirst du unter jenen Völkern keine Ruhe haben, und deine Füße werden keine Ruhestatt finden. Denn der HERR wird dir dort ein bebendes Herz geben und erlöschende Augen und eine verzagende Seele, und dein Leben wird immerdar in Gefahr schweben; Nacht und Tag wirst du dich fürchten und deines Lebens nicht sicher sein. Morgens wirst du sagen: Ach dass es Abend wäre! und abends wirst du sagen: Ach dass es Morgen wäre! vor Furcht deines Herzens, die dich schrecken wird, und vor dem, was du mit deinen Augen sehen wirst.« *5. Mose 28, 64-67*

»Ich will aber einige von euch übrig lassen, die dem Schwert entgehen, unter den Völkern, wenn ich euch in die Länder zerstreut habe. Diese eure Entronnenen werden dann an mich denken unter den Völkern, wohin sie gefangen weggeführt sind, wenn ich ihr abgöttisches Herz, das von mir gewichen ist, und ihre abgöttischen Augen, die nach ihren Götzen sahen, zerschlagen habe.« *Hesekiel 6, 8+9a*

»Ich, der HERR, habe es geredet und will's auch tun und will dich zerstreuen unter die Heiden und dich verstoßen in die Länder und will mit deiner Unreinheit ein Ende machen; und du wirst bei den Heiden als verflucht gelten. Dann wirst du erfahren, dass ich der HERR bin.« *Hesekiel 22, 14b-16*

»Darum habe ich sie zerstreut unter alle Heiden, die sie nicht kannten, und das Land blieb verwüstet hinter ihnen liegen, sodass niemand mehr darin hin und her zog; so haben sie das liebliche Land zur Wüste gemacht.« *Sacharja 7, 14*

»Weh aber den Schwangeren und den Stillenden in jenen Tagen! Denn es wird große Not auf Erden sein und Zorn über dies Volk kommen, und sie werden fallen durch die Schärfe des Schwertes und gefangen weggeführt unter alle

Völker, und Jerusalem wird zertreten werden von den Heiden, bis die Zeiten der Heiden erfüllt sind.« *Lukas 21, 23+24*

Schon Mose warnte sein Volk vor den Folgen des Ungehorsams gegenüber Gott (5. Mose 28, 64-67). Er prophezeite somit vor etwa 3.500 Jahren die Zerstreuung der Juden in alle Welt, die 70 n. Chr. endgültig eintrat. Darüber hinaus deutet er schon die Heimatlosigkeit und Misshandlung der Juden in der fast 2.000-jährigen Diaspora an.

Die Juden wurden nach der Vernichtung ihrer Heimat in nahezu jedes Land der Erde vertrieben. Dennoch blieben sie als identifizierbare Volksgruppe und religiöse Gemeinschaft erhalten und vermischten sich nicht mit ihren Gastgebervölkern. Während der Jahrhunderte in der Diaspora hielten sie eine feste und einzigartige Verbindung mit ihrer historischen Heimat aufrecht und bekundeten ihre Sehnsucht nach Zion[1] in religiösen Zeremonien und in der Literatur. Im Römischen Reich besserte sich die Lage der Juden allmählich, bis Kaiser Konstantin 325 n. Chr. das Christentum zur römischen Staatsreligion machte. Kirchenführer machten die Juden für den Tod Jesu Christi verantwortlich und beschnitten ihre neu gewonnenen Privilegien. Dadurch legten sie den Grundstein für die antisemitischen Exzesse des Mittelalters bis in die heutige Zeit.

Statt sich an Gottes Auftrag zu halten: »Tröstet mein Volk!« (Jesaja 40, 1), gab man im »christlichen« Abendland den Juden die Schuld an der Pest, verurteilte sie als Hexen, Brunnenvergifter und Christusmörder. Immer wieder verging sich der angestachelte Mob an den Juden. Große Verbrechen waren die Kreuzzüge und die Inquisition. 300.000 Juden lebten zu Beginn des 12. Jahrhunderts in Palästina. Am Ende des 13. Jahrhunderts waren sie von den »Christen« nahezu ausgerottet.

In Europa selbst hatten die Kreuzzüge ebenfalls schlimme Folgen für die Juden. Wo immer die Kreuzfahrer auf dem Weg nach Palästina Juden antrafen, ermordeten sie diese. 1215 erließ der Papst ein Dekret, in dem er

---

[1] Im Alten Testament steht der Name Zion im engsten Sinne für den östlichen Hügel Jerusalems, zu dem auch der Tempelberg gehörte. Er wurde auch zum Namen und Symbol für die Stadt Gottes – Jerusalem. Im Neuen Testament bezeichnet Zion auch das Volk Israel.

weltlichen Herrschern nahe legte, die Juden zum Tragen eines Erkennungszeichens zu zwingen. Man verbot ihnen, als Beamte, Bauern oder Handwerker zu arbeiten. So blieb den Juden oftmals als einzige Tätigkeit der Geldhandel. Und deswegen hasste man sie oftmals noch mehr.

Die Moslems betrachten sie als Erbfeinde. Als die Moslems das wiedererbaute Jerusalem erobert hatten, bauten sie auf dem jüdischen Tempelberg in Jerusalem den Felsendom, dessen goldene Kuppel heute ein Wahrzeichen Jerusalems ist. Außerdem mauerten sie das »Goldene Tor« zu, dasjenige Stadttor, durch das nach jüdischer Vorstellung der Messias die Stadt betreten wird. Juden (und auch Christen) wurden vielerorts als Ungläubige entweder in »Heiligen Kriegen« ermordet, zwangsbekehrt oder als Rechtlose eingestuft und mit einer Kopfsteuer belegt. Allerdings genießen sowohl Juden als auch Christen als »Leute des Buches« innerhalb des Hauses des Islam ein Existenzrecht und einen Schutzstatus.

1517 eroberten die Osmanen (Türken) das Gebiet Israels und Jerusalems und gliederten es ihrem Großreich ein. Zu diesem Zeitpunkt war das Land bereits zur Wüste geworden und kaum bewohnt, abgesehen von wenigen jüdischen Siedlungen und arabischen Nomaden. Entsprechend vernachlässigt wurde es von seinen neuen Herren. Jerusalem war zu einer unbedeutenden Provinzstadt geworden.

Nachfolgend ist dokumentiert, wie die Juden seit ihrer Vertreibung durch die Jahrhunderte hindurch verfolgt wurden. Diese Auflistung ist auszugsweise dem Buch von Joachim Langhammer »Was wird aus dieser Welt?« entnommen.

06	Archelaus wird von den Römern abgesetzt; Judäa wird römische Provinz
06-66	Römische Präfekten (Landpfleger) regieren das Land
26-36	Landpfleger Pontius Pilatus herrscht in Judäa
um 33	Kreuzigung und Auferstehung Jesu Christi
66-73	Aufstand der Juden gegen die Römer (Jüdischer Krieg); die Römer töten insgesamt über 1, 1 Millionen Juden
70	Die Römer erobern unter ihrem Feldherrn Titus Jerusalem, vernichten am 10. August den Tempel und bringen 600.000 Juden um

73 Die Römer erobern nach langer Belagerung die Festung Massada am Toten Meer; am 15. April begehen dort 960 Juden Selbstmord

132 Im drei Jahre dauernden Bar-Kochba-Aufstand bringen die Römer über 500.000 Juden um

135 Kaiser Hadrian macht Jerusalem zu einer römischen Stadt und nennt sie »Aelia Capitolina«

135 Die Römer herrschen bis zum Jahre 326 im Heiligen Land

326 Durch die Byzantiner wird bis zum Jahre 638 Jerusalem eine christliche Stadt und Israel ein christliches Land

614 Durch die Invasion der Perser werden alle Kirchen und Klöster im Heiligen Land zerstört

638 Die Araber erobern unter Kalif Omar das Heilige Land

750 Die moslemischen Abbasiden aus Bagdad erobern Jerusalem und beherrschen das Heilige Land

996 Die Fatimiden herrschen bis 1071 in Jerusalem

1017 Papst Benedikt VIII. lässt in Rom Juden enthaupten

1020 Papst Benedikt VIII. lässt in Rom Juden verbrennen

1066 Juden werden in Spanien grausam ermordet

1071 Die Seldschuken herrschen bis 1099 über das Heilige Land

1095 Papst Urban XI. ruft am 27. November in Clermont in Südfrankreich zum ersten Kreuzzug auf, wodurch eine 200 Jahre lange Judenverfolgung eingeleitet wird

1096 Zu Beginn des ersten Kreuzzuges werden unter der Führung des Grafen von Leinigen in Worms, Geldern, Kerpen, Wesel, Neuss, Moers, Grevenbroich, Xanten, Bonn, Köln, Altenahr, Mainz, Speyer, Trier und in anderen rheinischen Städten über 12.000 Juden umgebracht

1096 Die Kreuzfahrer metzeln alle Juden in Prag nieder

1099 Die Kreuzfahrer ermorden im Anmarsch auf Jerusalem über 100.000 Juden und Moslems. Bei der Eroberung Jerusalems töten sie 65.000 Juden und Moslems

1100 Die Kreuzritter bringen alle Juden in Haifa um

1147 Der zweite Kreuzzug beginnt; viele Juden werden getötet

1171 Alle Juden von Blois/Frankreich werden verbrannt

1179 Papst Innozenz III. setzt auf dem Laterankonzil das Wohnen der Juden in eigenen Vierteln durch (Ghetto)

1187 Der Kurdensultan Saladin vernichtet das Kreuzfahrerheer in der Schlacht bei den Hörnern von Hittim in Galiläa
1187 Am 2. Oktober erobert Saladin Jerusalem und beendet die 88-jährige Herrschaft der französischen Kreuzfahrer
1189 Mit dem dritten Kreuzzug versuchen die Europäer unter Kaiser Barbarossa, Jerusalem zurückzugewinnen. Viele Juden werden in vielen Städten Englands schrecklich zu Tode gebracht
1194 In Neuss/Rheinland wird eine jüdische Familie ausgelöscht: die Mutter wird lebendig begraben, der Onkel gerädert
1202 Der vierte Kreuzzug besteht nur aus Kindern, die alle umkommen
1209 Alle Juden von Béziers/Frankreich werden getötet
1215 Papst Innozenz III. erzwingt auf dem 4. Laterankonzil, dass die Juden einheitliche Kleidung tragen (Judenstern)
1221 In Erfurt wird das Judenviertel vernichtet und alle Juden getötet
1228 Den fünften Kreuzzug führt Kaiser Friedrich II. an
1241 Die Kreuzfahrer erobern Jerusalem zurück
1244 Die Moslems erobern Jerusalem endgültig
1241 In Frankfurt wird das Ghetto geplündert, 200 Juden werden getötet
1247 Alle Juden in Valréas/Frankreich werden vernichtet
1248 Den sechsten Kreuzzug führt Ludwig IX. von Frankreich an
1260 Der Mameluckenherrscher Beybars erobert das Heilige Land
1265 In Sinzig am Rhein werden alle Juden ausgerottet
1270 In Weißenburg/Bayern werden alle Juden hingerichtet
1278 300 jüdische Führer aus ganz England werden gehängt
1283 Judenmassaker in Kreuznach, Mainz und Mellrichstadt
1285 Alle Juden der Münchener Synagoge werden verbrannt
1287 Judenmassaker in Wesel, Boppard, Kobern, Kirn/Nahe, Lahnstein, Braubach/Rhein und Münstermaifeld
1288 104 Juden werden in Bonn ermordet
1289 13 Juden werden in Troyes/Frankreich verbrannt
1290 Vertreibung aller Juden aus England durch Edward I.
1291 Die Mamelucken vertreiben die Kreuzfahrer endgültig
1291 Bis 1517 beherrschen die Mamelucken das Heilige Land
1298 Durch die Massaker des Ritters Rindfleisch werden 146 jüdische Gemeinden in Süddeutschland und Österreich völlig vernichtet. Über

20.000 Juden werden getötet. Hauptorte der Massaker: Nürnberg, Bamberg, Röttingen, Berching, Krautheim, Mosbach, Ochsenfurt, Würzburg, Windsheim, Rothenburg ob der Tauber, Neustadt/Aisch, Tauberbischofsheim, Heilbronn, Sindelfingen u. a.

1306 Verbannung aller Juden Frankreichs durch Philipp II.

1321 5.000 Juden werden in Südfrankreich ermordet; alle Juden der Gemeinde von Chinon werden verbrannt

1328 5.000 Juden werden in Navarra/Frankreich abgeschlachtet

1332 400 Juden werden in Überlingen/Bodensee verbrannt

1337 Die Juden in Deggendorf/Bayern werden niedergemetzelt

1348 Eine Million Juden werden in ganz Europa (Spanien, Frankreich usw.) als angebliche Urheber der Pest grausam umgebracht. Die jüdischen Gemeinden in Lindau/Bodensee, Horb/Neckar, Esslingen, Reutlingen, Augsburg, Colmar und Nürnberg werden vernichtet

1349 Die Verfolgung der Juden wegen der Pest greift auf Breslau, Wetzlar, Mainz, Köln, Radolfzell, Würzburg, Friedrichshafen, Frankfurt/Main, Dresden, Fulda, Ravensburg, Konstanz, Speyer, Ulm, Freiburg, Straßburg und auf die Schweizer Städte Winterthur, Dießenhofen, Schaffhausen, Thurgau, Zürich, Baden, Rheinfelden, St. Gallen, Basel und Emmental/Bern über

1349 2.000 Juden werden in Straßburg öffentlich verbrannt

1355 Papst Benedikt XII. lässt die Prager Synagoge niederreißen

1391 5.000 jüdische Familien werden in Sevilla/Spanien ausgerottet; die 23 Synagogen werden zerstört

1391 20.000 Juden werden zu Beginn heftigster Judenverfolgungen in Spanien auf dem Scheiterhaufen verbrannt

1391 200 Juden werden in Enz an der Donau verbrannt

1400 Die Mongolen verwüsten unter Tamerlan das Heilige Land

1404 Alle Juden in Salzburg/Österreich werden verbrannt

1421 212 Juden (Männer und Frauen) werden in Wien verbrannt

1478 Offizieller Beginn der Inquisition in Spanien

1483 30.000 Juden werden durch die katholische Inquisition an vielen Orten in Spanien öffentlich verbrannt

1484 Abertausende jüdischer Frauen werden durch die Hexenbulle des Papstes als Hexen verdächtigt und an vielen Orten Europas grausam umgebracht

1492 Durch Ferdinand II. von Aragonien und Isabella I. von Kastilien werden alle Juden aus Spanien vertrieben
1496 Durch das Dekret von Kaiser Maximilian I. werden alle Juden aus Österreich vertrieben
1497 Alle Juden werden aus Portugal vertrieben
1501 Viele Juden werden in Toledo/Spanien verbrannt
1504 Alle fahrenden Juden in Moskau werden verbrannt
1506 2.000 Juden werden in Lissabon/Portugal erschlagen
1510 38 Juden werden in Berlin gefoltert und verbrannt
1517 Der türkische Sultan Selim 1. erobert Jerusalem
1517 Die Türken herrschen bis 1917 über das Heilige Land
1574 897 Juden werden in Mexiko öffentlich verbrannt
1614 Das Judenviertel in Frankfurt wird völlig vernichtet
1648 12.000 Juden werden durch die Kosaken des Bogdan Chmielnizki in Russland und der Ukraine niedergemetzelt
1648 400.000 Juden werden in Polen durch grausame Massaker der Kosaken niedergemetzelt und ausgerottet
1650 200.000 Juden werden wiederum von den Kosaken in Russland niedergemetzelt und ausgerottet
1670 4.000 Juden werden durch Leopold I. aus Wien vertrieben
1670 Alle Juden werden aus Metz/Frankreich ausgewiesen
1679 Bis 1692 werden in Palma de Mallorca viele tausend Juden durch Ketzergerichte, Autodafés genannt, verbrannt
1680 86 Juden werden in Madrid/Spanien auf dem Scheiterhaufen öffentlich verbrannt (Autodafé)
1704 Bis 1769 in Portugal Tausende Juden getötet (Autodafés)
1728 Vertreibung aller Juden aus Lemberg
1734 20.000 Juden werden durch die kosakischen Haidamacken in Polen niedergemetzelt
1799 Napoleon will das Heilige Land erobern, belagert Akko vergeblich und kämpft bei Megiddo gegen die Türken
1818 Viele Juden in Würzburg getötet, die restlichen 400 vertrieben
1821 In Odessa bricht der erste blutige Pogrom auf, der auf viele andere Städte Russlands und der Ukraine übergreift. Dabei kommen bis zum Ausbruch des Ersten Weltkrieges über 100.000 Juden um

1826 Letzte Hinrichtung durch die Inquisition in Spanien
1832 Der Khedive von Ägypten erobert Palästina
1840 In Damaskus werden die jüdischen Führer fälschlich angeklagt und gefoltert, einige sterben an der Folter
1846 Die Moslems erlauben nach 700 Jahren den Bau der ersten Kirche in Jerusalem, der »Christ Church«
1858 Abertausende von Juden werden durch sich oft wiederholende Pogrome in ganz Russland umgebracht
1859 Bis 1871 wiederholen sich die Pogrome in Odessa
1860 Sir Moses Montefiori beginnt das jüdische Aufbauwerk
1864 In Marokko toben heftige Judenverfolgungen
1867 In Rumänien setzen heftige Judenverfolgungen ein
1881 792 Juden werden in Kiew/Ukraine getötet
1881 Grausamer Pogrom in Elisabethgrad/Ukraine und 1882 in Balta/Ukraine
1882 Die ersten jüdischen Siedlungen in Palästina entstehen
1883 Grausamer Pogrom in Rostow am Don (Südrussland)
1891 Die Juden Moskaus werden ausgewiesen und vertrieben
1892 20 jüdische Menschen werden in Lodz/Polen ermordet
1894 Der Dreyfus-Prozess erschüttert das europäische Judentum
1896 Theodor Herzl veröffentlicht sein Buch »Der Judenstaat«
1897 Theodor Herzl beruft vom 29. bis 31. August den 1. Zionistenkongress nach Basel ein; 199 Delegierte nehmen daran teil
1898 Kaiser Wilhelm II. besucht zur Einweihung der deutschen Erlöserkirche in Jerusalem das Heilige Land
1903 Grausamer Pogrom in Gomei und Kischinew/Moldau
1905 Schreckliche Pogrome in 700 Städten in Russland und der Ukraine durch die »Schwarzen Hundert«: in Krivoj Rog, Kursk, Tschernigow, Tomsk, Saratow, Kertsh, Schitomir, Brest-Litowsk, Siedlce/Polen, Lodz/Polen, Bialystok, Strascheny, Kiew, Odessa, Minsk, Semenowka, Bajramca, Rjepki, Tschigirin, Starodub, Kalarasz, Rjecziza, Aleksandrowsk, Mariupol, Jusowka, Uman, Bogopol, Golta, Oliviopol, Kamenskoje
1917 Am 2. November veröffentlicht die englische Regierung die Balfour-Deklaration, durch die dem jüdischen Volk ganz Palästina als Heimstätte zugesichert wird (national home)

1917 Bis 1921 werden über 30.000 jüdische Männer, Frauen und Kinder durch andauernde Pogrome in über 1.200 Orten Russlands und der Ukraine ermordet
1917 In Kalusz begehen die Russen grausamste Gräueltaten, vergewaltigen und verstümmeln jüdische und polnische Frauen und vierteilen die Mädchen
1918 Die englischen Truppen erobern das Heilige Land
1919 1.500 Juden werden bei Pogromen in Proskurow getötet
1919 Bis 1921 verübt die ukrainische Nationalarmee über 100 Pogrome, wobei viele tausend Juden getötet werden
1922 Der deutsche Außenminister Walther Rathenau wird von Nationalisten in Berlin erschossen, weil er Jude ist
1922 Der Völkerbund (heute die UNO) überträgt England das Mandat über Palästina, das am 15. Mai 1948 endet
1929 Alle Juden werden durch die Araber in Hebron/Palästina grausam ermordet und vertrieben
1933 Bis 1945 werden in fast allen europäischen Ländern durch die Naziherrschaft 6,25 Millionen Juden vernichtet, davon sind 1,5 Millionen Kinder unter 14 Jahren
1936 Bis 1939 kommen fast 500 jüdische Männer, Frauen und Kinder durch die arabischen Unruhen in Palästina um
1941 Der arabische Groß-Mufti von Jerusalem, Amin-el-Husseini, besucht Hitler in Berlin und ruft ihn zur Vernichtung des jüdischen Aufbauwerkes in Palästina auf
1945 Bis 1948 viele Tote durch die arabischen Überfälle und den Untergang seeuntüchtiger Schiffe mit jüdischen Einwanderern
1945 Bis 1953 werden viele Juden in der Tschechoslowakei mit den besiegten Deutschen in den Lagern gefoltert und getötet, weil sie deutschsprachig sind
1947 Am 29. November beschließt die UNO die Teilung Palästinas
1948 Am 14. Mai proklamiert David Ben Gurion im Stadtmuseum von Tel Aviv den demokratischen Staat Israel
1948 Über 6.000 Tote und 9.000 Verwundete im Krieg 1948/49 gegen fünf arabische Armeen
1956 170 Tote und 700 Verwundete im Suez-Krieg
1967 800 Tote und 2.600 Verwundete im Sechstagekrieg

1967 Im Sechstagekrieg erobern die Israelis das ganze biblische Land, Jerusalem wird ungeteilte Hauptstadt Israels

1972 11 israelische Sportler werden durch arabische Terroristen bei den Olympischen Spielen in München ermordet

1973 2.650 israelische Tote und 7.500 Verwundete im Yom-Kippur-Krieg

1982 574 israelische Tote und 2.780 Verwundete im Libanon-Feldzug

1986 21 Tote durch türkische Terroristen beim Sabbatgottesdienst in der Synagoge in Istanbul

1991 2 israelische Tote durch Raketeneinschläge, 72 Tote durch andere Kriegseinwirkungen im Golfkrieg

1998 Seit 1948 sind über 18.250 israelische Männer und Frauen in den Kriegen umgekommen, um die man in über 25.250 Familien trauert; über 62.120 Israelis wurden zu Invaliden

1998 Seit 1948 wurden durch arabische Terroristen über 2.250 israelische Männer, Frauen und Kinder in Israel ermordet. Durch den weltweiten arabischen Terror wurden 75 israelische Diplomaten getötet

(Quelle: Joachim Langhammer, Was wird aus dieser Welt? – Erläuterungen zum Heilsplan Gottes, Verlag der Evangeliums-Mission, Bad Salzuflen 1998, S. 83-91)

Die Vorhersagen der Propheten und Jesu gingen in Erfüllung. Das Gericht, das Israel traf, war hart. Heimatlosigkeit und Verfolgung mit der Angst um das nackte Überleben waren vorausgesagt worden. Genau das ist dem Volk widerfahren.

5 Rückkehr Israels

»So fürchte dich nun nicht, denn ich bin bei dir. Ich will vom Osten deine Kinder bringen und dich vom Westen her sammeln, ich will sagen zum Norden: Gib her! und zum Süden: Halte nicht zurück! Bring her meine Söhne von ferne und meine Töchter vom Ende der Erde, alle, die mit meinem Namen genannt sind, die ich zu meiner Ehre geschaffen und zubereitet und gemacht habe.« *Jesaja 43, 5-7*

»Darum siehe, es kommt die Zeit, spricht der HERR, dass man nicht mehr sagen wird: »So wahr der HERR lebt, der die Israeliten aus Ägyptenland geführt hat«, sondern: »So wahr der HERR lebt, der die Israeliten geführt hat aus dem Lande des Nordens und aus allen Ländern, wohin er sie verstoßen hatte.« Denn ich will sie zurückbringen in das Land, das ich ihren Vätern gegeben habe. Siehe, ich will viele Fischer aussenden, spricht der HERR, die sollen sie fischen; und danach will ich viele Jäger aussenden, die sollen sie fangen auf allen Bergen und auf allen Hügeln und in allen Felsklüften.« *Jeremia 16, 14-16*

»Denn siehe, es kommt die Zeit, spricht der HERR, dass ich das Geschick meines Volks Israel und Juda wenden will, spricht der HERR; und ich will sie wiederbringen in das Land, das ich ihren Vätern gegeben habe, dass sie es besitzen sollen.« *Jeremia 30,3*

»Darum sage: So spricht Gott der HERR: Ich will euch zusammenbringen aus den Völkern und will euch sammeln aus den Ländern, in die ihr zerstreut seid, und will euch das Land Israels geben.« *Hesekiel 11, 17*

»Denn so spricht Gott der HERR: Siehe, ich will mich meiner Herde selbst annehmen und sie suchen. Wie ein Hirte seine Schafe sucht, wenn sie von seiner Herde verirrt sind, so will ich meine Schafe suchen und will sie erretten von allen Orten, wohin sie zerstreut waren zur Zeit, als es trüb und finster war. Ich will sie aus allen Völkern herausführen und aus allen Ländern sammeln

und will sie in ihr Land bringen und will sie weiden auf den Bergen Israels, in den Tälern und an allen Plätzen des Landes.« *Hesekiel 34, 11-13*

»Denn ich will die Gefangenschaft meines Volks Israel wenden, dass sie die verwüsteten Städte wieder aufbauen und bewohnen sollen, dass sie Weinberge pflanzen und Wein davon trinken, Gärten anlegen und Früchte daraus essen. Denn ich will sie in ihr Land pflanzen, dass sie nicht mehr aus ihrem Land ausgerottet werden, das ich ihnen gegeben habe, spricht der HERR, dein Gott.« *Amos 9, 14-15*

Die biblischen Propheten und Jesus sahen nicht nur die Zerstreuung und die Diaspora voraus, sondern auch die Rückkehr des Volkes Israel ins alte, gelobte Land. Die Ankündigung der Heimkehr Israels in das Land seiner Väter zieht sich wie ein roter Faden durch die Bücher des Alten und Neuen Testaments. Die Rückkehr vieler Juden hat sich im letzten Jahrhundert vollzogen. Am 14. Mai 1948 wurde der Staat Israel gegründet.

Im Alten Testament stellt sich Gott den Juden an vielen Stellen als derjenige vor, der sie aus dem Land Ägypten erlöst hat. Dieses große geschichtliche Ereignis hatte damals zur Gründung des Staates Israel geführt. Genauso soll es auch in der letzten Zeit der Menschheit geschehen. Der Unterschied ist nur, dass Gott sein Volk nicht aus einem, sondern aus vielen Ländern zusammenruft. Dem Volk Israel war zugesagt worden, dass es eines Tages wieder in seine alte Heimat zurückkehren darf. Mit dem Wissen um diese Prophetie im Herzen grüßten sich gläubige Juden mit dem innigen Wunsch: »Nächstes Jahr in Jerusalem!« Wie kam es zu diesem Ausspruch? Er entstand, als der römische Kaiser Hadrian allen Juden das Betreten der wieder aufgebauten Stadt Jerusalem – nun »Aelia Capitolina« genannt – unter Androhung der Todesstrafe verbot. So wuchs der sehnliche Wunsch, die heilige Stätte wieder betreten zu können. Diese Hoffnung begleitete das Volk Israel auch unter den entferntesten Völkern. Als die europäischen Juden sich im 19. Jahrhundert anstrengten, als normale Bürger ihrer momentanen Heimatländer akzeptiert zu werden, mussten sie feststellen, dass die Bevölkerung dies nirgends zuließ. Trotz der fortschreitenden Aufklärung hielt sich der Antisemitismus hartnäckig in den Köpfen. Ende des 19. Jahrhunderts begannen darum viele Juden, sich in Palästina niederzulassen und das zur Wüste gewordene Land zu bebauen und wieder urbar zu machen. Großzügige finanzielle Unterstützung erhielten sie dabei von dem französischen Bankier Baron Edmond de Rothschild. Eine politische Affäre in Frankreich, bei welcher der Hauptmann Alfons Dreyfus zu Unrecht beschuldigt wurde, Militärgeheimnisse an die Deutschen verraten zu haben und ins Exil musste, veranlasste 1896 Theodor Herzl zu seinem Buch »Der Judenstaat«. Darin analysierte er die Ursachen des Judenhasses und die Umstände, die in den vergangenen Jahrhunderten immer wieder zu Judenverfolgungen geführt hatten. Er kam zu dem Schluss, dass die Juden nur in einem eigenen Land sicher sein könnten. Bestärkt wurde er in seinen Ansichten durch antisemitische Ausschreitungen in Paris, die den Dreyfus-Prozess begleiteten und sich allein an der Tatsache entzündeten, dass Dreyfus Jude war. Er forderte alle Israeliten zur Heimkehr in die alte, verwüstete und von relativ wenigen Menschen bewohnte Heimat auf.

Ein Jahr später, 1897, wurde in Basel die Weltzionisten-Organisation gegründet. Zunächst konnten die Zionisten[2] ihre Ziele nicht durchsetzen, weil das Osmanische Reich nicht bereit war, den Juden Palästina oder Teile davon zu verkaufen. Auch war Baron Rothschild prinzipiell nur an Siedlungen in Palästina interessiert, jedoch nicht an einer Veränderung der politischen Verhältnisse. Theodor Herzl verhandelte mit den Engländern über ein Gebiet in Ostafrika, welches sie den Zionisten als Heimstätte anboten. Uganda ist fruchtbares Land mit Savannen, Baumsteppen und Buschwald; Palästina war weithin Wüste und Sumpfland. Doch Uganda ist nicht Israel. Darüber brach Streit innerhalb der Zionistenbewegung zwischen denen aus, die das Angebot annehmen wollten, und denen, die auf einen jüdischen Staat in Palästina bestanden. Denn Gott hatte dem Volk Israel die Rückkehr in ihr angestammtes Land versprochen. Wie kam es dazu, dass die Rückkehr des Volkes Israel in ihr Heimatland doch zustande kam? Vor dem Ersten Weltkrieg gab es zwei Einwanderungswellen.

Während des Ersten Weltkriegs mangelte es Großbritannien an Aceton, einem Mittel, das zur Munitionsherstellung benötigt wird. Dr. Chaim Weizmann, der Direktor des chemischen Laboratoriums der britischen Kriegsmarine und Sprecher der zionistischen Bewegung in England,

---

[2] Zionisten sind in der Regel Juden, die sich für die Heimkehr nach Zion (Jerusalem) und für die Bildung einer jüdischen Nation im ehemaligen Land Israel einsetzen.

entwickelte ein neues Verfahren zur Herstellung von Aceton und löste somit das Problem. Zum Dank sicherte ihm 1917 der damalige britische Außenminister Arthur James Balfour die Schaffung einer jüdischen nationalen Heimstätte in Palästina zu und schrieb an Baron Rothschild:

»Lieber Lord Rothschild,

ich habe die große Freude, Ihnen im Namen der Regierung Seiner Majestät die folgende Erklärung unserer Sympathie mit den jüdisch-zionistischen Bestrebungen zu übermitteln, eine Erklärung, die dem Kabinett vorgelegen hat und gutgeheißen worden ist:

›Die Regierung Seiner Majestät beobachtet mit Wohlwollen die Errichtung einer nationalen Heimstätte für das jüdische Volk in Palästina und wird ihr Möglichstes tun, dieses Vorhaben zu fördern, wobei allerdings klarzustellen ist, dass nichts unternommen werden darf, was die bürgerlichen und religiösen Rechte der bestehenden nicht-jüdischen Gemeinden in Palästina oder die Rechte und den politischen Status von Juden in irgendeinem anderen Land beeinträchtigen könnte.‹

Ich wäre Ihnen dankbar, wenn Sie diese Erklärung der Zionistischen Vereinigung zur Kenntnis bringen könnten.

Ihr ergebener Arthur James Balfour.«

(Quelle: Joachim Langhammer, Was wird aus dieser Welt? – Erläuterungen zum Heilsplan Gottes, Verlag der Evangeliums-Mission, Bad Salzuflen 1998, S. 99)

Die politische Unterstützung Englands war eine ganz wichtige Hilfe auf dem Weg zu einem eigenen Staat. Aber ganz so einfach war die Erreichung dieses Zieles nicht. In Palästina lebten schließlich auch Araber, die das Land nicht gern mit den Juden teilen wollten. Sie setzten dem Einwanderungswunsch der Juden massiven Widerstand entgegen. Als die Türken an der Seite Deutschlands in den Ersten Weltkrieg eintraten, wendete sich das Blatt. Im Verlauf des Ersten Weltkriegs wurde Palästina 1917/1918 von den Engländern besetzt. 1919 erhielt Großbritannien vom Völkerbund das Mandat für Palästina. Es wurde beauftragt, für die Errichtung einer nationalen jüdischen Heimstätte zu sorgen. Machtinteressen jedoch ließen die Briten ihr Versprechen, das ganze Mandatsgebiet Palästina an die Juden zu geben, brechen. 1922 trennte Churchill das Gebiet östlich des Jordans ab und gab es König Abdullah, der dort das autonome Emirat Transjordanien errichtete, das heutige Jordanien. Für die Juden blieben somit nur noch 23 Prozent des ursprünglichen Gebiets übrig. In den 1920er Jahren erwachte ein arabischer Nationalismus, sodass es immer wieder zu Zusammenstößen zwischen Juden, Arabern und den Briten kam. Großbritannien unterstützte zunächst die Juden, schwenkte jedoch später um und kämpfte nun gegen sie. Gerade, als die Juden Hilfe am nötigsten hatten – während des Holocaust – machte Großbritannien Palästina dicht. Während des Zweiten Weltkrieges schleusten die jüdischen Untergrundorganisationen 100.000 Flüchtlinge illegal ins Land. Großbritannien internierte aufgegriffene Flüchtlinge – meist Überlebende der Konzentrationslager – in Lagern auf Zypern und schickte viele wieder zurück. Der deutsche Vernichtungswahn brachte 6 Millionen Juden einen grausamen Tod. Ein Drittel des Weltjudentums fiel ihm zum Opfer. Dieses Schicksal unmittelbar vor Augen, beschloss die UNO am 29. November 1947 mit 33 zu 13 Stimmen gegen den Widerstand Großbritanniens und vieler anderer Länder, den Juden ihr Land zuzugestehen. Der Plan sah vor, das nach der Teilung von 1922 verbliebene Mandatsgebiet erneut in einen jüdischen und einen arabischen Staat zu teilen, und Jerusalem unter internationale Verwaltung zu stellen. Die jüdische Bevölkerung Palästinas war begeistert, einen eigenen Staat zu bekommen, obwohl ihr die schlechteren Landesteile – Wüste und Sumpfgebiete, die mittlerweile an vielen Stellen schon fruchtbares Ackerland waren – zugeteilt wurden! Am Abend des 14. Mai 1948 rief David Ben Gurion, der spätere erste Ministerpräsident, den Staat Israel aus.

Die Prophezeiungen sind in Erfüllung gegangen. Seit der Staatsgründung kommen bis heute aus den unterschiedlichsten Teilen der Erde Juden zurück in ihr Heimatland. Dabei sind ihre Motive ganz unterschiedlicher Art. Die einen kommen, weil sie sich in den Ländern, in denen sie leben, nicht mehr akzeptiert fühlen und angefeindet werden. Die anderen können gar nicht richtig beschreiben, warum sie nach Israel zurück wollen. Sie berichten von einem inneren Drang, der sie in ihr Heimatland zurücktreibt. Die vorhergesagte Rückkehr des Volkes geht seit 1948 stetig voran.

6 Streit um Jerusalem

»Dies ist die Last, die der HERR ankündigt. Von Israel spricht der HERR, der den Himmel ausbreitet und die Erde gründet und den Odem des Menschen in ihm macht: Siehe, ich will Jerusalem zum Taumelbecher zurichten für alle Völker ringsumher, und auch Juda wird's gelten, wenn Jerusalem belagert wird. Zur selben Zeit will ich Jerusalem machen zum Laststein für alle Völker. Alle, die ihn wegheben wollen, sollen sich daran wund reißen; denn es werden sich alle Völker auf Erden gegen Jerusalem versammeln.« *Sacharja 12, 1-3*

Israel bedeckt lediglich 0,015 % der Erdoberfläche, beherrscht aber einen großen Teil der Weltnachrichten. Woran liegt das? Politiker aller Welt bemühen sich um eine Fortsetzung des Friedensprozesses und stellen fest, dass der Nahe Osten kein normaler Brandherd ist. Der Streit um Jerusalem und die 14 Hektar Tempelberg (arab. Haram al-Sharif = das erhabene Heiligtum) bergen die Möglichkeit nicht nur eines neuen Krieges zwischen Israelis und Arabern, sondern die Gefahr eines weltweiten Flächenbrandes. Dies ahnt der Westen spätestens seit dem fürchterlichen Anschlag vom 11. September 2001 auf das World Trade Center in New York und das Pentagon in Washington. Nach dem Gegenschlag in Afghanistan und der im arabischen Fernsehen gesendeten Rede Osama Bin Ladens steht fest: Der Nahost-Konflikt und der Streit um Jerusalem sind einer der Ursachen für den Terror.

Jerusalem feierte 1996 Geburtstag. Diese Stadt ist 4.000 Jahre alt und eine der ältesten Städte der Welt. Die Stadt ist seit 3.000 Jahren die Hauptstadt Israels. Gott hat sie dazu auserwählt, dass sein Name in Jerusalem ewiglich wohnen soll. Jerusalem hat in der Endzeitprophetie eine große Bedeutung. Es wird als der Dreh- und Angelpunkt bezeichnet, um den auch die Nationen kreisen. Nach dem Anschlag in Amerika hat der Präsident von Ägypten, Mubarak, zu den Amerikanern gesagt, dass sie bei ihrer Politik im Nahen Osten nicht vergessen dürfen, dass Jerusalem der arabischen Welt viel bedeutet und nicht aufgegeben werden darf.

Der jetzige Zustand in Nahost ist explosiv. Die PLO-Führung will mehr als das bisher Erreichte – sie will die Herrschaft über Jerusalem. Jerusalem wird von den Arabern als »Hauptstadt Palästinas« beansprucht. Israels Parlament hingegen beschloss 1980 das »Jerusalem-Gesetz« und erklärte »ganz Jerusalem zur unteilbaren und ewigen Hauptstadt Israels«. Damit tickt eine Zeitbombe für einen Krieg, der um die Stadt Jerusalem geführt werden wird – unabhängig davon, wie sich die derzeitige Situation in Nahost entwickelt. Jerusalem wird weiterhin im Mittelpunkt stehen. Die Voraussage, dass alle Völker der Erde sich gegen Jerusalem versammeln, ist noch nicht in Erfüllung gegangen. Die Ereignisse, die uns die letzten Jahre im Nahen Osten in Atem gehalten haben, lassen allerdings ahnen, dass es um Jerusalem nicht ruhiger werden wird. Jerusalem ist bereits heute ein Streitobjekt vieler Völker – es fehlt nicht viel, dass es zu einem Taumelbecher für die Nationen wird. Für die »Völker ringsumher« ist das bereits der Fall!

7 Viele Verführer kommen (in Jesu Namen)

»Denn es werden falsche Christusse und falsche Propheten aufstehen und große Zeichen und Wunder tun, sodass sie, wenn es möglich wäre, auch die Auserwählten verführten.« Matthäus 24, 24

»Jesus fing an und sagte zu ihnen: Seht zu, dass euch nicht jemand verführe! Es werden viele kommen unter meinem Namen und sagen: Ich bin's, und werden viele verführen.« Markus 13, 5-6

»Er aber sprach: Seht zu, lasst euch nicht verführen. Denn viele werden kommen unter meinem Namen und sagen: Ich bin's, und: Die Zeit ist herbeigekommen. – Folgt ihnen nicht nach!« Lukas 21, 8

In den Endzeitreden warnt Jesus seine Nachfolger eindrücklich davor, dass viele Menschen, die an ihn glauben, verführt werden. Sie sollen von ihrem Glauben an Jesus weggebracht werden. Wenn wir die Geschichte der christlichen Gemeinde aufmerksam studieren, fällt auf, dass Verführung der Christen seit der Entstehung der Gemeinde an der Tagesordnung steht. Schon die frühe Gemeinde hatte mit Verführen (Irrlehrern) zu tun.

»Denn es gibt viele Freche, unnütze Schwätzer und Verführer, besonders die aus den Juden ...« Titus 1, 10

»Denn viele Verführer sind in die Welt ausgegangen, die nicht bekennen, dass Jesus Christus in das Fleisch gekommen ist. Das ist der Verführer und der Antichrist.« 2. Johannes 7

Heute ist dies keinesfalls besser geworden. Die Anzahl der Sekten im nichtchristlichen Bereich und im christlichen Dunstkreis ist nahezu unübersehbar. Als Beispiele seien hier folgende genannt:

- Zeugen Jehovas
- Mormonen
- Christliche Wissenschaft
- Kinder Gottes
- Templerorden
- Moon-Sekte
- Rosenkreuzer
- Hare Krishna
- Theosophen
- Scientology
- Transzendentale Meditation
- Gurus, die sich als Inkarnation Jesu verstehen

(Quelle: Josh McDowell, Concise Guide to Today's Religions, Scripture Press Foundation Ltd, Amershan-on-the-Hill 1988)

In dieser Liste sind nicht die verschiedenen Religionen und religiösen Bewegungen aufgeführt. Es ist für den heutigen Menschen schwer, sich eine Meinung über die verschieden Lehren und Ansichten der Sekten zu bilden. Ist das, was diese Sekten verkündigen, falsch oder richtig?

Jesus fordert seine Gemeinde und jeden einzelnen Gläubigen eindringlich auf wachsam zu sein. Christen sollen aufpassen, dass sie nicht verführt werden. Das bedeutet für die christliche Gemeinde und für jeden einzelnen Christen, dass sie sorgfältig die Bibel studieren sollen. Ohne genaue Kenntnis dessen, was die Bibel lehrt, ist es schwer, Irrlehren zu erkennen.

Oftmals ist es gerade dann schwer zu erkennen, ob biblische Ansichten verdreht oder aufgegeben werden, wenn im christlichen Bereich mit Halbwahrheiten umgegangen wird. Dies geschieht oftmals auf eine sehr subtile Art und Weise. Als Beispiel sei hier eine Aussage genannt, anhand derer diese Problematik deutlich wird.

Von verschiedenen »christlichen« Theologen wird erklärt, dass die Bibel »auch Gottes Wort enthält«. Das ist ein großer Unterschied zu der Feststellung in 2. Timotheus 3,16:

»Denn alle Schrift, von Gott eingegeben, ...«

Wenn die Bibel »auch Gottes Wort enthält«, dann gibt es auch Stellen in der Bibel, die nicht von Gott inspiriert sind. Aber welche sind das? Dies bleibt dann dem Leser selbst überlassen. Das hat zur Folge, dass sich die Botschaft der Bibel flexibel auslegen lässt. Paulus behauptet dagegen klar, dass alle Schrift von Gott inspiriert ist!

Ein weiterer Bereich, aus dem »Verführung« für die Gemeinde droht, ist der so genannte konziliare Prozess. Durch diese Bewegung, die in hohem Maße von Papst Johannes Paul II. vorangetrieben wurde, sind die christlichen Kirchen auf die anderen Weltreligionen zugegangen. Ziel dieses Prozesses ist es, dass sich die Religionen auf »Grundwahrheiten« verständigen. Dabei werden zwangsweise biblische Wahrheiten (z. B. die Einzigartigkeit Jesu Christi) über Bord geworfen. Tenor dieses Aufeinander-Zugehens ist es, dass in jeder Religion Gott zu finden ist. Das ist biblisch gesehen schlicht und ergreifend falsch – eine riesige Verführung!

»Hochrangige Vertreter aus zwölf Weltreligionen kamen auf Einladung von Papst Johannes Paul II. nach Assisi. Sie alle engagieren sich für den Weltfrieden.

Antonio Carlino, Vorsteher des winzigen Vatikanbahnhofs, pfeift kräftig. Der Papst winkt. Und schon geht es los. Im ›Pilgerzug der Hoffnung‹, so Johannes Paul II., sitzen alle gemeinsam in sieben Großraumwagen eines italienischen Intercitymodells: orthodoxe Patriarchen mit Bärten und schwarzen Roben, jüdische Rabbiner, Kardinäle mit scharlachroter Schärpe, farbenprächtig gekleidete afrikanische Animisten, Sikhs und weitere Vertreter von indischen Religionen, Buddhisten in leuchtender Seide, Konfuzius-Anhänger. Und vor allem Muslime, über 30 aus mehr als 15 Ländern, sind herbeigeeilt, Großmuftis und Irak-Vertreter unter ihnen. Auch sie sind guten Willens, den Zielen islamischer Radikaler, wie von Terrorist Bin Laden vertreten, öffentlich abzuschwören. Zu bekunden, dass auch sie mit der ganzen Menschheit im selben Boot sitzen bleiben möchten – ein Boot, das in diesem Fall ein Sonderzug ist ...

Konkreter nennen Redner nach ihm die Dinge beim Namen. Rabbiner Israel Singer aus den USA spricht von den ›Verrückten‹, die im Namen einer Religion Flugzeuge in New Yorks Zwillingstürme gejagt hätten und damit in wenigen Minuten den ›ersten internationalen Militärkonflikt des 21. Jahr-

hunderts‹ verursacht hätten. Ein Islamvertreter dankt hingegen dem Vatikanstaat für seine Unterstützung des palästinensischen Volkes. Ein Buddhist fleht singend um Frieden. Generalsekretär Dr. Ismael Noko vom Welt-Lutherbund erinnert auch an Globalisierungsprobleme: ›Die Welt darf nicht einfach nur zu einer brutalen Wettbewerbsarena werden, sondern muss ein Ort der Suche nach gemeinsamer Zukunft der Humanität werden.‹ Vor dem Mittagessen beten dann alle in verschiedenen Sälen des Franziskanerklosters um Frieden. Die Muslime rollen ihre Teppiche in Richtung Mekka in einem kahlen Raum aus Bruchstein im Untergeschoss aus, nur knapp 20 Meter entfernt von dem Gebetssaal der Juden in einem Studienraum. ›Wir haben bei der Auswahl der Gebetssäle stark darauf geachtet, niemanden vor den Kopf zu stoßen‹, berichtet Franziskanerpater Gerhard Ruf. Deshalb seien sogar Kreuze von einigen Wänden genommen worden.«

(Quelle: WAZ 25.01.2002)

Die Verführung der Gemeinde ist heute genau wie am Anfang der Gemeinde gegeben. Zu allen Zeiten sind die Worte Jesu leider in Erfüllung gegangen. Immer wieder sind Verführer aufgetaucht und haben viele Menschen von Jesus weggeführt.

»Kinder, es ist die letzte Stunde! Und wie ihr gehört habt, dass der Antichrist kommt, so sind nun schon viele Antichristen gekommen; daran erkennen wir, dass es die letzte Stunde ist.« 1. Johannes 2, 18

In unserem Informationszeitalter stehen den Menschen so viele Informationen zur Verfügung wie nie zuvor. Dadurch ist es leider nicht einfacher geworden, die biblische Botschaft von der Botschaft von »Verführern« zu unterscheiden. Denn die vorausgesagten Verführer sind seit der Entstehung der Gemeinde »am Werk«. Die Christen jedes Zeitalters hatten und haben mit falschen Lehren und Halbwahrheiten zu tun. Auch in unserer Zeit stehen Christen in der Gefahr, diesen Verführern zu glauben.

8 Kriege und Konflikte

»Ihr werdet hören von Kriegen und Kriegsgeschrei; seht zu und erschreckt nicht. Denn das muss so geschehen; aber es ist noch nicht das Ende da. Denn es wird sich ein Volk gegen das andere erheben und ein Königreich gegen das andere.« *Matthäus 24, 6-7*

»Wenn ihr aber hören werdet von Kriegen und Aufruhr, so entsetzt euch nicht. Denn das muss zuvor geschehen; aber das Ende ist noch nicht so bald da. Dann sprach er zu ihnen: Ein Volk wird sich erheben gegen das andere und ein Reich gegen das andere.« *Lukas 21, 9-10*

Die Bibel berichtet uns, dass es Kriege und Konflikte in den letzten Tagen auf der Erde geben wird. Kriege hat es zu allen Zeiten gegeben. Seit es die Menschheit gibt, haben sich die Menschen bekriegt. Die Welt hat sich in den letzten Jahren allerdings verändert. Bis zum Zusammenbruch des Warschauer Paktes gab es den Ost-West-Konflikt, NATO gegen Warschauer Pakt. Diesen Konflikt gibt es heute nicht mehr. Dafür haben die regionalen Konflikte zugenommen. In vielen Ländern kämpfen die verschiedenen Volksgruppen für ihre Freiheit. Im Jahr 2001 hat ein Ereignis alle kriegerischen Auseinandersetzungen in den Hintergrund gedrängt – der Terroranschlag vom 11. September auf das World Trade Center in New York und das Pentagon in Washington. Die knapp vier Wochen später begonnene Reaktion der USA begann zunächst in Form von Luftangriffen auf Stellungen der Taliban-Regierung in Afghanistan und vermischte sich in der Folge mit dem schon lange andauernden innerafghanischen Krieg. Diese Ereignisse haben andere kriegerische Konflikte überschattet. Weltweit wurden im Jahr 2001 46 kriegerische Konflikte festgestellt. Die von Kriegen am stärksten betroffenen Weltregionen sind nach wie vor Asien mit 16 vor Afrika sowie dem Vorderen und Mittleren Orient mit 14 bzw. 12 Gewaltkonflikten. Es folgen Lateinamerika und Europa mit jeweils zwei kriegerischen Konflikten. Dabei finden weit über 90 Prozent aller Kriege seit 1945 in der so genannten »Dritten Welt« statt. Ein weiterer Trend wird durch das »Kriegsjahr 2001«

bestätigt: die wachsende Bedeutung innerstaatlicher Gewaltkonflikte. Zwischenstaatliche Kriege bilden die Ausnahme.

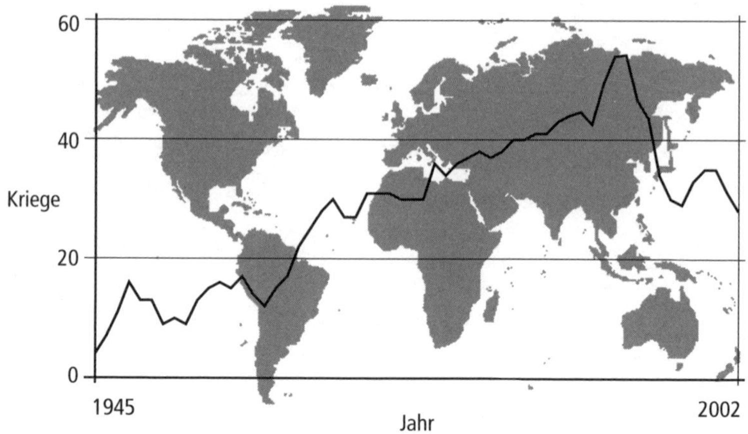

Diese Grafik zeigt die Anzahl der Kriege in den Jahren 1945-2002.

(Quelle: Jahresbilanz 2002 der Arbeitsgemeinschaft Kriegsursachenforschung, Universität Hamburg)

In der Grafik ist zu sehen, dass die Anzahl der Kriege seit 1945 deutlich zugenommen hat.

Um einen Überblick über die Kriegsschauplätze unserer Zeit zu geben, sind nachfolgend die Konflikte des Jahres 2001 aufgeführt. Die Zahl bezeichnet das Jahr, wann der Konflikt begonnen hat.

Afrika

Angola 1960 / Burundi 1993 / Guinea 2000 / Kongo-Kinshasa (Afrikanischer Regionalkrieg) 1998 / Kongo-Kinshasa (Kivu) 1997 / Liberia 2000 / Nigeria 2001 / Ruanda 1990 / Senegal (Casamance) 1990 / Sierra Leone 1993 / Somalia 1988 / Sudan 1983 / Tschad 1966 / Uganda 1995

Asien

Indien (Assam) 1997 / Indien (Bodos) 1997 / Indien (Kaschmir) 1990 / Indien (Nagas) 1975 / Indien (Naxaliten) 1997 / Indien (Tripura) 1999 / Indien 1998 / Pakistan 1998 / Indonesien (Aceh) 1999 / Indonesien (West-Papua) 1965 / Myanmar 1948 / Nepal 1999 / Pakistan 1986 / Philippinen (Mindanao) 1998 / Philippinen (NPA) 1970 / Salomonen 1999 / Sri Lanka 1983

Vorderer und Mittlerer Orient

Afghanistan 1978 / Algerien 1992 / Georgien (Abchasien) 1992 / Iran (Mudschahiddin) 2000 / Israel (Palästina) 2000 / Libanon 1975 / Russland (Tschetschenien) 1999 / Tadschikistan 1992 / Türkei (Kurden) 1984 / Afghanistan (Anti-Terror-Krieg, USA, GB-al-Quaida) 2001 / Irak 1998 / Usbekistan, Kirgistan 1999

Süd- und Mittelamerika

Kolumbien (ELN) 1964 / Kolumbien (FARC) 1965

Europa

Jugoslawien (Kosovo) 1998 / Mazedonien 2001

(Quelle: Jahresbilanz 2001 der Arbeitsgemeinschaft Kriegsursachenforschung, Universität Hamburg; http://www.akuf.de)

Diese Aufstellung macht deutlich, dass sich überall auf der Welt Nationen gegeneinander erheben. Dies ist heute genauso der Fall wie vor 100, 500 und 1.000 Jahren. Den Konflikt zwischen Israel und den Palästinensern braucht man fast nicht mehr zu erwähnen, da er nahezu täglich in den Nachrichten behandelt wird. Auffällig an der Statistik ist aber, dass die Kriege in den letzten 50 Jahren deutlich zugenommen haben.

9 Große Erdbeben

»... und es werden geschehen große Erdbeben.« *Lukas 21, 11*

Erdbeben werden von Jesus als weiteres Zeichen der letzten Tage vorhergesagt. Erdbeben hat es schon immer gegeben. Sie sind keine spezifische Erscheinung der letzten Jahre oder Jahrzehnte. Die Meinungen der Forscher gehen allerdings darüber auseinander, ob die Erdbebenhäufigkeit in den letzten Jahrzehnten zugenommen hat oder nicht. Die Unsicherheit hat zweierlei Gründe. Zum einen hatte man in früheren Jahrhunderten nicht die Möglichkeiten Erdbeben so zu messen, wie man sie heute hat. Außerdem wurden früher die großen Erdbeben, bei denen Menschen starben, nicht genau dokumentiert.

In der nachfolgenden Liste sind die weltweiten Erdbebenkatastrophen mit mehr als 1.000 Toten zusammengefasst. Die aufgeführten Ereignisse basieren auf verschiedenen Quellen zu zerstörerischen und katastrophalen Erdbeben, die in der Geschichte der Menschheit aufgetreten sind. Die ersten Aufzeichnungen gehen zurück auf das Jahr 63 n. Chr., als die italienische Stadt Pompeji bei einem Erdbeben zerstört (79 n. Chr. durch einen Vesuvausbruch verschüttet) wurde. Die Serie solcher Katastrophen hat sich bis heute fortgesetzt. Diese Liste dokumentiert allerdings sehr eindrücklich, dass die Häufigkeit zerstörerischer Erdbeben im Laufe der Jahrhunderte deutlich zugenommen hat.

Datum[3]	**Region**
J J J JMMTT	
20010126	Südindien
20010113	El Salvador

[3] JJJJ = Jahr / M = Monat / TT = Tag

19990920	Taiwan
19990817	Türkei
19980717	Papua-Neuguinea
19980530	Afghanistan
19980204	Afghanistan
19970510	Nordiran
19970228	Grenzregion Armenien-Aserbaidschan-Iran
19950527	Insel Sachalin
19950116	Kobe, Japan
19930929	Latur, Indien
19921212	Region Flores, Indonesien
19911019	Nordiran
19900716	Luzon, Philippinen
19900620	Westiran
19881207	Armenien
19880820	Grenzregion Nepal-Indien
19870306	Grenzregion Kolumbien-Ecuador
19861010	El Salvador
19850919	Michoacan, Mexiko
19831030	Türkei
19821213	Arabische Halbinsel
19810728	Iran
19810611	Iran
19801123	Süditalien
19801010	El Asnam, Algerien
19791212	Ecuador
19780916	Iran
19770304	Rumänien
19761124	Grenzregion Iran-Armenien
19760816	Mindanao, Philippinen
19760727	Tangshan, China
19760625	Westiran
19760517	Usbekistan
19760506	Friaul, Italien
19760204	Guatemala
19750906	Türkei

19750204	Nordosten Chinas
19741228	Westpakistan
19740510	Yünnan, China
19721223	Managua, Nicaragua
19720410	Zagros, Südiran
19700531	Huaras, Peru
19700328	Gediz, Türkei
19700104	Yünnan, China
19690725	Yünnan, China
19680831	Iran
19660819	Nordanatolien, Türkei
19630726	Skopje, Dinariden (ehemaliges Jugoslawien)
19620901	Qazvin, Iran
19600522	Südchile
19600229	Agadir, Marokko
19571213	Sharhud, Iran
19570702	Iran
19540909	Orleansville, Algerien
19530212	Mazandaran, Iran
19500815	Grenzregion Indien-Tibet
19490815	Ambato, Ecuador
19490710	Duschanbe
19481005	Turkmenistan
19480628	Fukui, Japan
19461220	Tonankai, Japan
19461110	Ancash, Peru
19460531	Türkei
19450112	Mikawa, Japan
19441207	Tonankai, Japan
19440115	San Juan, Argentinen
19430910	Tottori, Japan
19401110	Transsylvanien, Rumänien
19391226	Erzincan, Türkei
19390125	Chillan, Chile
19350716	Taiwan
19350530	Quetta, Pakistan

19350420	Formosa, Taiwan
19340115	Grenzregion Indien-Nepal
19330825	Zentral China
19330302	Sanriku, Japan
19321225	Gansu, China
19310331	Nicaragua
19300723	Apennin, Italien
19300506	Grenzregion Türkei-Iran
19290501	Iran
19270522	Qinghai, China
19270307	Tango, Japan
19250316	Yünnan, China
19230901	Tokio-Yokohama, Japan
19230325	Mashad, Iran
19230324	Kansu, China
19201216	Gansu und Shaanxi, China
19180213	Südosten Chinas
19170121	Bali
19150113	Avezzano, Italien
19120809	Marmarameer
19100413	Costa Rica
19090123	Isfahan, Iran
19081228	Apennin, Italien
19071021	Karatag, Mittlerer Osten
19070114	Kingston, Jamaika
19060817	Santiago, Valparaiso, Chile
19060418	San Francisco, Kalifornien
19060317	Kagi, Formosa, Taiwan
19060131	Kolumbien
19050404	Kangra, Indien
19030428	Türkei
19021216	Fergana Basin, Turkestan
18970612	Assam, Indien
18960615	Sanriku, Japan
18911028	Mino-Owari, Japan
18870223	Provinz Ligurien, Italien

18860827	Messina, Italien
18841225	Andalusien, Spanien
18830728	Casamicciola, Italien
18810403	Khios, Griechenland
18750503	Kleinasien, Türkei
18720402	Antakya, Türkei
18700411	Provinz Sichuan, China
18680816	Ecuador und Kolumbien
18680813	Peru und Bolivien
18630422	Rhodos, Griechenland
18611226	Achaia, Griechenland
18610321	Mendoza, Argentinien
18590602	Erzerum, Türkei
18571216	Neapel, Italien
18551111	Sagami, (Yedo Tokio) Japan
18550411	Nordwesttürkei
18550228	Nordwesttürkei
18541224	Simoda, Japan (Nankaido, Tokaido, Pazifische Küste)
18530421	Shiraz, Provinz Fars, Iran
18511012	Albanien
18470807	El Faiyum, Ägypten
18470508	Nagano Zenkoji, Japan
18380123	Vrancea, Rumänien
18370101	Safad, Israel
18360425	Rossano Calabro, Italien
18330119	Valona, Albanien
18290321	Murcia, Spanien
18281218	Echigo Sanjo, Japan
18250302	Blida, Algerien
18250119	Levkas, Griechenland
18220905	Halab (Aleppo), Türkei
18220813	Antakya and Halab, Türkei
18190616	Kutch, Indien
18120326	Caracas, Venezuela
18100216	Kreta

18050726	Provinz Molise, Italien
18021026	Rumänien
17970204	Ecuador, Peru
17830205	Rosarno, Kalabrien, Italien
17591030	Syrien
17551101	Lissabon, Portugal
17550607	Kashan Quehan, Iran
17510520	Echigo Takada, Japan
17500607	Kythera, Griechenland
17371011	Kalkutta, Indien
17301230	Hokkaido, Japan
17271118	Tabriz, Iran
171505	Algerien
17110816	Mexiko
17071028	Shikoko
17031231	Odowara, Tokio, Japan
17011221	Oaxaca, Mexiko
16930111	Sizilien, Italien
16880705	Izmir, Türkei
166711??	Shemakha, Kaukasus
16530223	Izmir, Türkei
16470513	Santiago, Chile
16451127	Karachi, Pakistan
16431126	Zentralanatolien, Türkei
16421220	Türkei
16410205	Tabriz, Iran
16221025	Kansu, China
15560123	Provinz Shansi, China
1549	Qain, Iran
15310126	Lissabon, Portugal
14561205	Neapel-Brindisi, Italien
13561018	Basel, Schweiz
12930520	Kamakura, Japan
129009	Golf von Chihli, China
1268	Silizien, Türkei
11830809	Aleppo, Syrien

1 0 5 7	Chihli, China
1 0 3 8 0 1 2 4	Provinz Zentral-Shansi, China
0 8 9 3 0 3 2 3	Ardabil, Iran
0 8 5 6 1 2 2 2	Damghan, Iran
0 8 5 6 1 2	Korinth, Griechenland
0 5 6 5	Antakya, Türkei
0 3 4 2	Antakya, Türkei
0 0 7 7	Zypern
0 0 6 3	Pompeji, Italien

(Quelle: Seismic Data Analysis Center, Federal Institute for Geosciences and Natural Resources, Section B3.11 Stilleweg 2, 30655 Hannover, Germany http://sdac.hannover.bgr.de/web/sdac/beben/erdbeben.html

Stand: 07.03.2003)

10 Hungersnöte

»... und es werden Hungersnöte sein ...« *Matthäus 24, 7*
(vgl. Markus 13,8 und Lukas 21,11)

Jesus sagt voraus, dass ein schlimmes Zeichen der letzten Zeit sein wird, dass es in der Welt Hungersnöte geben wird. Hunger und Hungersnöte gab es schon in allen Jahrhunderten. Wir haben heute das Vorrecht, dass wir in einem Land leben dürfen, in dem Überfluss herrscht. Kein Mensch in Deutschland muss verhungern. Ein Großteil der Weltbevölkerung leidet heute aber an Unterernährung. In vielen Ländern der Erde gibt es Hungersnöte, wie z. B. in Nordkorea oder in etlichen afrikanischen Ländern. Zukünftig werden die Hungersnöte immer größere Dimensionen annehmen. Dies hat verschiedene Ursachen. Zum einen werden durch die fortschreitende Zerstörung der Umwelt Nahrungsreserven reduziert und verunreinigt. Zum anderen nimmt die Weltbevölkerung immer schneller zu, sodass immer weniger Nahrungsmittel für die Menschheit zur Verfügung stehen.

Im Herbst 1999 überschritt die Weltbevölkerung die Sechs-Milliarden-Marke. Den 12. Oktober 1999 hatte der Bevölkerungsfonds der Vereinten Nationen daher zum »Tag der 6 Milliarden« erklärt.

»UN: Menschheit wächst zu schnell

Studie warnt vor Hunger und Umweltschäden

Die Vereinten Nationen sehen in dem starken Bevölkerungswachstum und der Energieverschwendung eine Gefahr für die Menschheit. Bis 2050 werde die Weltbevölkerung von 6,1 auf 9,3 Milliarden Menschen zunehmen, heißt es im neuen UN-Weltbevölkerungsbericht. Um diese zu ernähren, müsse sich die weltweite Nahrungsmittelproduktion verdoppeln. Die Experten warnten vor der fortschreitenden Umweltzerstörung und wachsender Armut. Rund 800 Millionen Menschen weltweit seien derzeit chronisch unterernährt, über eine halbe Milliarde Menschen litten unter Wasserknappheit. Zur Zeit entfallen 86 % des gesamten Ressourcenverbrauchs auf das reichste Fünftel der Weltbevölkerung, das ärmste Fünftel ist dagegen nur zu 1,3% an dem Verbrauch beteiligt. Innerhalb der nächsten 50 Jahre, so sei zu befürchten, werde die letzte bedeutende Regenwaldfläche gerodet sein ...«

(Quelle: WAZ: 08.11.2001)

»Wachsende Bevölkerungszahlen führen tiefer in die Armut

Die dramatisch wachsenden Bevölkerungszahlen in den am wenigsten entwickelten Ländern der Welt gefährden die globale Armutsbekämpfung und fördern weitere Hungerkatastrophen. Das geht aus dem am Dienstag vorgestellten Weltbevölkerungsbericht 2002 des UN-Bevölkerungsfonds (UNFPA) hervor. Bis Mitte des Jahrhunderts werde sich die Zahl der Menschen in den ärmsten Ländern auf rund 1,8 Milliarden in etwa verdreifachen ...

Derzeit leben weltweit 6,2 Milliarden Menschen. Jährlich kommt mit rund 78 Millionen fast die Bevölkerungszahl der Bundesrepublik hinzu. Mitte des 21. Jahrhunderts wird die Weltbevölkerungszahl nach Schätzungen auf 9,1 Milliarden wachsen ...«

(Quelle: WAZ 04.12.02)

»US-Institut sieht Süßwasserreserven in Gefahr

Die weltweiten Süßwasserreserven sind laut einer Studie stärker gefährdet als je zuvor. Verunreinigtes Wasser fordere jährlich bis zu zehn Millionen Menschenleben, so das US-Institut für Entwicklungs-, Umwelt- und Sicherheitsstudien.«

(Quelle: WAZ 21.01.2002)

»Bis zu zehn Millionen Menschen sterben jährlich durch verseuchtes Wasser

Mit dem Aufruf zu konkreten Maßnahmen zur Lösung der globalen Wasserprobleme hat am Sonntag das 3. Welt-Wasser-Forum in der japanischen Stadt Kyoto begonnen. Mehr als 10.000 Teilnehmer aus rund 160 Ländern beraten noch bis zum 23. März über konkrete Maßnahmenpläne zur Lösung der Wasserprobleme im 21. Jahrhundert ...

Nach Angaben von Umweltexperten haben 1,5 Milliarden Menschen weltweit keinen unmittelbaren Zugang zu Trinkwasser. Fünf bis zehn Millionen Menschen sterben zudem jedes Jahr durch verseuchtes Wasser.«

(Quelle: www.heute.t-online.de – 16.03.03)

Im Laufe des 20. Jahrhunderts hat sich die Zahl der Weltbevölkerung nahezu vervierfacht: auf sechs Milliarden Menschen im Jahre 1999. Und die Zahl der Menschen wird im Laufe des nächsten Jahrhunderts weiter steigen. Um 1900 lebten bereits 1,6 Milliarden Menschen auf der Erde. Bis zum Jahre 1927 waren es zwei Milliarden, 33 Jahre später drei Milliarden. 1974 wurden vier und schon 1987 fünf Milliarden Menschen gezählt. Momentan wächst die Weltbevölkerung etwa alle zwölf bis 15 Jahre um eine weitere Milliarde Menschen. Das Bevölkerungswachstum findet zu 98 Prozent in den Entwicklungsländern statt.

Weltbevölkerungsentwicklung

Jahr		**Anzahl Menschen**
Christi Geburt		80 Millionen
1600	(1600 Jahre später)	500 Millionen
1804	(204 Jahre später)	1 Milliarde
1927	(123 Jahre später)	2 Milliarden
1960	(33 Jahre später)	3 Milliarden
1974	(14 Jahre später)	4 Milliarden
1987	(13 Jahre später)	5 Milliarden
1999	(12 Jahre später)	6 Milliarden

Voraussagen für die Zukunft

Jahr		**Anzahl Menschen**
2013	(14 Jahre später)	7 Milliarden
2028	(15 Jahre später)	8 Milliarden
2054	(26 Jahre später)	9 Milliarden

Die Wachstumsrate der Weltbevölkerung ist zwar heute auf 1,4 Prozent zurückgegangen, aber bei fast sechs Milliarden Menschen bedeutet das eine Zunahme von rund 80 Millionen Menschen pro Jahr. Das sind etwa 150 Erdenbürger jede Minute. Zum Vergleich: 1960 betrug das Wachstum noch zwei Prozent bei einem jährlichen Zuwachs von 58 Millionen Menschen. Wie wird sich die Weltbevölkerung in der Zukunft entwickeln? Projektionen (Berechnungen) der Vereinten Nationen zeigen, dass bereits geringe Unterschiede in der durchschnittlichen Kinderzahl pro Frau einen erheblichen Einfluss auf die zukünftige Bevölkerungsgröße haben. Für die mittlere Projektions- (Berechnungs-) variante wird bis zur Mitte des nächsten Jahrhunderts ein Rückgang der durchschnittlichen Kinderzahl je Frau auf zwei Kinder angenommen. Die Weltbevölkerung würde dann bis zum Jahr 2050 auf 8,9 Milliarden Menschen ansteigen. Bliebe die durchschnittliche Kinderzahl je Frau bis 2050 konstant auf dem heutigen Niveau, dann würde die Weltbevölkerung voraussichtlich bis 2050 auf 14,4 Milliarden Menschen anwachsen.

(Quelle: UN Population Division, New York, 2000
http://www.dsw-online.de/6Milliarden1.html)

Wie zu Beginn schon erwähnt wird die weltweite Nahrungsknappheit zunehmen. Der weltweite Nahrungsbedarf steigt an – vor allem in den Entwicklungsländern. Dazu sind nachfolgend Informationen der Deutschen Welthungerhilfe wiedergegeben, welche diese zukünftige Entwicklung deutlich dokumentieren.

»Der weltweite Bedarf an Getreide, Fleisch und Knollenfrüchten (Kartoffeln, Maniok u. a.) wird immer größer. Obwohl die UNO ihre Bevölkerungsprognose zurückgeschraubt hat, wird die Nachfrage vor allem in den Entwicklungsländern bis zum Jahr 2020 stark ansteigen. Zugleich gibt es kaum noch neue Anbauflächen und auch die Erträge pro Hektar steigen langsamer als in der Vergangenheit. Die FAO sagt deshalb voraus, dass die Entwicklungsländer ihre Getreideimporte bis zum Jahr 2020 verdoppeln müssen – v. a. in Asien und Schwarzafrika drohen Engpässe bei Weizen und Mais. Mais wird zunehmend auch als Futtermittel gebraucht, denn die Nachfrage nach Fleisch steigt rasant. Bis zum Jahr 2020 werden die Entwicklungsländer das zwanzigfache der heutigen Fleischeinfuhren importieren müssen – aus den Industrielän-

dern. Der wachsende Bedarf wird zu Preissteigerungen führen. Trotz vorhergesagter Steigerungen des durchschnittlichen Pro-Kopf-Einkommens werden auch in Zukunft viele Menschen zu wenig Geld haben, sich ausreichend Nahrung zu kaufen. Schon heute müssen 1,3 Milliarden Menschen mit weniger als einem Dollar pro Tag auskommen, weiteren zwei Milliarden geht es nur unwesentlich besser. Seit Jahren wird die Kluft zwischen Arm und Reich immer tiefer – das gilt für die Unterschiede zwischen Industrie- und Entwicklungsländern und für die Bevölkerung innerhalb der einzelnen Länder. Steigende Lebensmittelpreise werden die Spaltung der Weltbevölkerung in Satte und Hungernde noch verschärfen.«

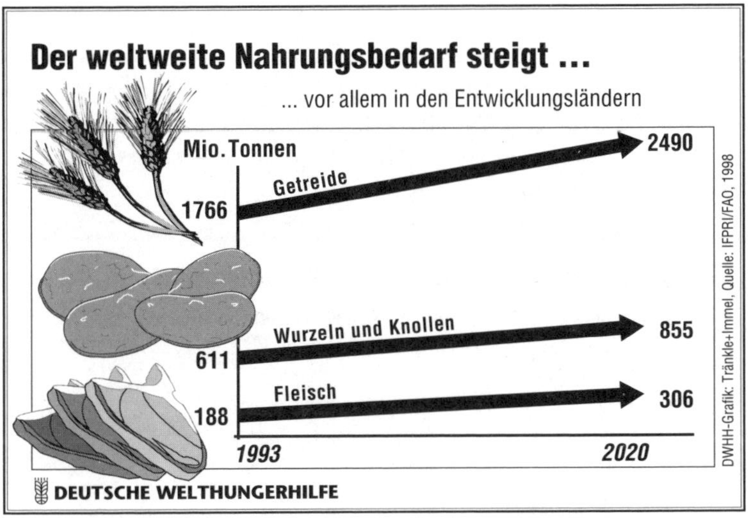

(Quelle: Deutsche Welthungerhilfe 20.11.2001 http://www.welthungerhilfe.de/inhalt/info/grafikdienst/gd_bis_99/text/txt_98/txt_03_98.html)

Zukünftig wird der Menschheit immer weniger Getreide zur Verfügung stehen.

»Die weltweite Nahrungsmittelproduktion hält nicht mehr mit dem Bevölkerungswachstum Schritt. 1995 wurden laut FAO etwa 1,9 Milliarden Tonnen

Getreide geerntet, rund 350 kg pro Kopf. Das ist rund ein Prozent weniger als im Jahr davor. Während die Weltbevölkerung weiter wächst, sind die jährlichen Erntemengen seit 1990 um rund fünf Prozent zurückgegangen. Zudem gibt es kaum noch Ackerland-Reserven. Derzeit stehen rund 0,27 Hektar Ackerfläche pro Erdbewohner zur Verfügung. Schon in 20 Jahren wird dieser Wert nur noch bei 0,20 Hektar liegen.

Die globalen Getreidereserven sind auf weniger als 280 Millionen Tonnen zurückgegangen – das entspricht rund 50 Verbrauchstagen. Die FAO und das Worldwatch-Institut warnen vor steigenden Weltmarktpreisen, die vor allem die armen Länder Afrikas treffen werden. Staaten, die auf Nahrungsmittelhilfen angewiesen sind, müssen wegen des knappen Angebots in diesem Jahr mit Kürzungen von 20 Prozent rechnen – die Zahl der Hungernden wird steigen. Agrar- und Umweltforscher erwarten in absehbarer Zeit keine bedeutenden Fortschritte durch Intensivierung der Landwirtschaft. Im Gegenteil – in vielen Regionen der Welt, insbesondere in Asien, sinken Hektarerträge infolge Übernutzung der Böden. Viele Felder fallen zudem neuen Siedlungs- und Verkehrsflächen zum Opfer.«

(Quelle: Deutsche Welthungerhilfe 20.11.2001 http://www.welthungerhilfe.de/inhalt/info/grafikdienst/gd_bis_99/text/txt_96/txt_01_96.html)

Durch die immer knapper werdenden Nahrungsreserven wird der Kampf um Nahrung verstärkt werden.

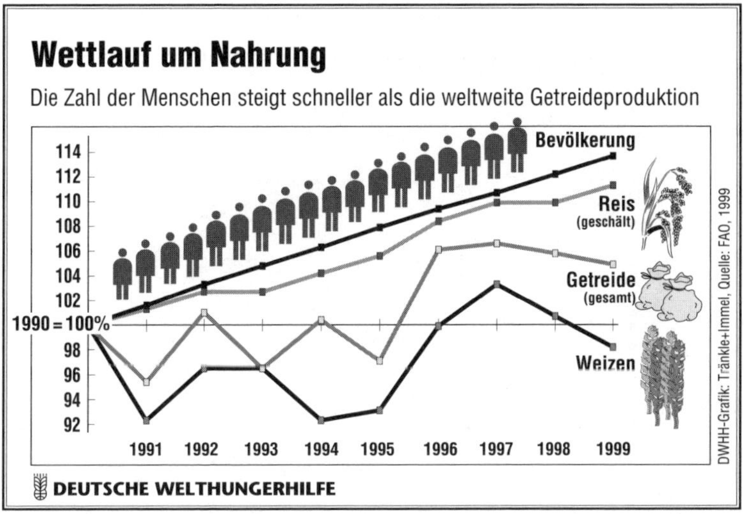

»Weltweit wurden im Jahr 1999 ca. 1.870 Millionen Tonnen Getreide geerntet. Das sind rund fünf Prozent mehr als zu Beginn dieses Jahrzehnts. Seit 1990 wuchs die Weltbevölkerung jedoch von knapp 5,3 auf jetzt rund 6 Milliarden Menschen – ein Zuwachs um fast 14 Prozent. Das heißt: obwohl die Zahl der Menschen langsamer steigt als noch zu Beginn der 90er Jahre, hält die Getreideproduktion nicht Schritt. Beim wichtigsten Getreide, dem Weizen, liegt die Ernte des Jahres 1999 sogar unter dem Ergebnis von 1990. Nur beim Reis, dem wichtigsten Nahrungsmittel vieler asiatischer Länder, kann die Ernte etwa mit dem Bevölkerungswachstum mithalten. Trotz großer Anstrengungen, neue Anbauflächen zu erschließen, Dünger zu verbessern und leistungsfähigeres Saatgut zu entwickeln, wird heute weniger Getreide pro Kopf der Erdbevölkerung geerntet als zu Beginn der 90er Jahre.«

(Quelle: Deutsche Welthungerhilfe 20.11.2001 http://www.welthungerhilfe.de/inhalt/info/grafikdienst/gd_bis_99/text/txt_99/txt_99_ernaehrung.html)

Auch die Gewinnung von Nahrungsmitteln aus den Weltmeeren wird zunehmend schwieriger, da die Meere schon heute überfischt sind und diese Entwicklung zukünftig noch zunehmen wird.

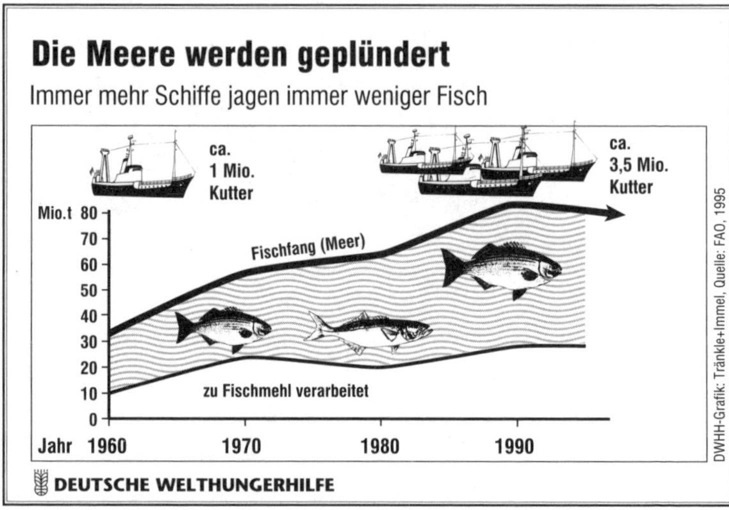

»Immer mehr Schiffe jagen immer weniger Fisch

Über zwei Drittel aller genutzten Fischbestände in den Weltmeeren sind von der Ausrottung bedroht. Über eine Million große und mehr als zwei Million kleinere Fischereischiffe holen inzwischen weit mehr Fische, Krabben und andere Meeresfrüchte aus dem Wasser, als nachwachsen können. Seit 1989 gehen die Erträge der Hochseefischerei zurück. Mit milliardenschweren Subventionen werden die industriellen Fangflotten der reichen Länder dennoch weiter aufgerüstet – und zerstören die Lebensgrundlage von Millionen Küstenfischern vor allem in der Dritten Welt. Allen Fischereiabkommen zum Trotz herrscht auf hoher See das Recht des Stärkeren. Per Satellit aufgespürte Fischschwärme werden ohne Rücksicht auf festgelegte Fangquoten gejagt. Immer häufiger eskaliert der Streit um Fischereirechte zu bewaffneten Konflikten: Krebs- und Lachskrieg im Nordpazifik, Tunfischkrieg im Nordostatlantik, Tintenfischkrieg im Südwestatlantik oder Seelachskrieg im Ochotskischen Meer.«

(Quelle: Deutsche Welthungerhilfe 20.11.2001

http://www.welthungerhilfe.de/inhalt/info/grafikdienst/gd_bis_99/text/txt_9 6/txt_04_96.html)

Neben all den aufgezeigten Entwicklungen gehen zudem weltweit jedes Jahr Ackerbauflächen in riesigen Dimensionen verloren.

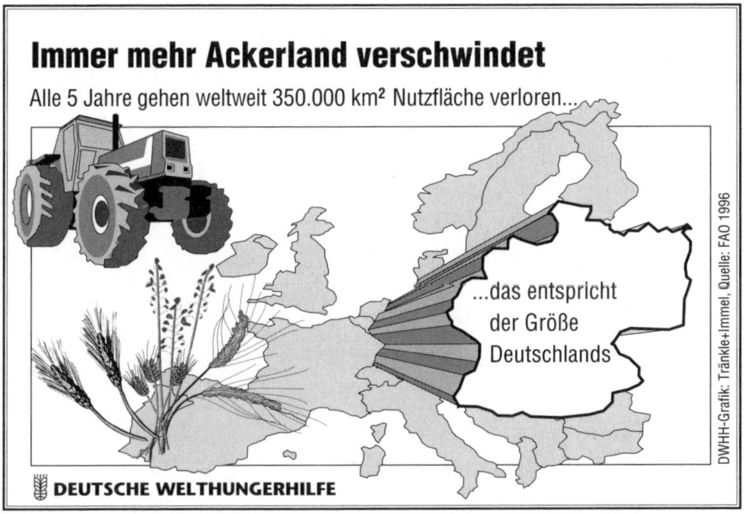

»Alle fünf Jahre gehen 350.000 km² nutzbare Fläche verloren

Durch Erosion, Versalzung oder Austrocknung verschwinden jährlich rund 7 Millionen Hektar landwirtschaftlicher Nutzfläche – alle 5 Jahre eine Fläche von der Größe Deutschlands. Das entspricht etwa einem halben Prozent der weltweiten Landwirtschaftsflächen. Diese Entwicklung hält schon seit Jahren an, Anzeichen für eine Trendwende gibt es nicht. Der dramatische Verlust an Boden wird fast ausschließlich durch Eingriffe des Menschen verursacht: rigorose Abholzung und Überweidung, eine zu intensive Ackernutzung, industrielle Aktivitäten und der Bau von Siedlungen und Verkehrsflächen. Böden sind eine der wichtigsten Grundlagen der menschlichen Ernährung. Nur etwa 11 Prozent der eisfreien Landoberfläche der Erde sind landwirtschaftliche nutzbar. Bisher nicht bewirtschaftete Ersatzflächen gibt es kaum noch. Die Hektar-Erträge lassen sich nicht unbegrenzt steigern, und die Weltbevölkerung nimmt zu. Gerade in Regionen mit starkem Bevölkerungs-

wachstum – etwa in Asien und Afrika – hat auch die Bodenzerstörung beängstigende Ausmaße angenommen.«

(Quelle: Deutsche Welthungerhilfe 20.11.2001 http://www.welthungerhilfe.de/inhalt/info/grafikdienst/gd_bis_99/text/txt_97/txt_07_97.html)

Schon heute hungern weltweit Millionen Menschen. Die aufgezeigten Fakten machen leider nur zu deutlich, dass der Hunger in der Welt zunehmen wird.

11 Seuchen

»... und hier und dort Hungersnöte und Seuchen« *Lukas 21, 11*

In der letzten Zeit der Welt wird es Seuchen geben. Auch Seuchen gab es zu allen Zeiten. Dies ist keine Besonderheit der letzten Jahre oder Jahrzehnte. Gott sei Dank wurden durch die Fortschritte der Wissenschaft, Medizin und Hygiene viele gefährliche Seuchen und Epidemien erfolgreich zurückgedrängt. Seuchen treten aber leider auch heute noch in vielen Ländern der Erde immer wieder neu auf. In den letzten Jahren haben uns auch im hoch technisierten Europa schlimme Krankheiten und Seuchen in Atem gehalten. Zur Erinnerung seien hier AIDS, BSE, die Maul- und Klauenseuche (MKS) oder das Schwere Akute Atemwegs-Syndrom (SARS) erwähnt.

Noch zu Beginn der 80er-Jahre war vorherrschende Meinung in der Öffentlichkeit und sogar zum Teil in Fachkreisen, dass Infektionskrankheiten ihre ursprünglichen Schrecken verloren hätten. Die Gründe für diese Zuversicht lagen in den erheblichen Fortschritten in der privaten und öffentlichen Hygiene, in den Erfolgen der Impfstoffentwicklung und in der Antibiotikatherapie. Das Auftreten von AIDS zu diesem Zeitpunkt führte zu einem radikalen Umdenken und zu der Erkenntnis, dass nicht nur AIDS, sondern Infektionskrankheiten allgemein weltweit wieder an Bedeutung gewinnen. Die Gründe hierfür sind mannigfaltig und in erster Linie durch die Bevölkerungsexplosion, die Verarmung in vielen Teilen der Welt und durch Handlungsweisen der Menschen erklärbar. Hinzu kommt die früher in diesem Ausmaß nicht erkennbare Fähigkeit zur Mutation von Mikroorganismen, wie Bakterien und insbesondere Viren, bei denen durch zunehmenden Selektionsdruck jetzt häufiger eine Therapieresistenz beobachtet werden kann.

»Eine Hiobsbotschaft jagt die nächste – erst kam die BSE-Krise, dann brach in Großbritannien die Maul- und Klauenseuche (MKS) aus. Trotz aller Vorsichtsmaßnahmen breitet sich die Seuche auf der Insel weiter aus. Über 1.100 Fälle sind bereits bestätigt, laut einem Regierungsbericht könnten es bis Juni 4.000 werden. Mit inzwischen mehr als 20 bestätigten Fällen in den Niederlanden,

Irland und Frankreich steigt die Furcht vor einer Ausbreitung der Seuche auf dem europäischen Festland. In Deutschland hat sich bisher noch kein Verdachtsfall bestätigt.«

(Quelle: ARD Tagesschau 20.05.2001 http://www.tagesschau.de/archiv/themen2001/mks/hp-mks)

»Comeback für Cholera und Hepatitis

Jeder siebente Europäer hat keinen Zugang zu sauberem Trinkwasser. Zu diesem Schluss kommt eine am Mittwoch in Genf veröffentlichte Untersuchung der UN-Wirtschaftskommission für Europa. Diesen Angaben zufolge gibt es in Europa derzeit ein regelrechtes ›Comeback‹ von Seuchen wie Cholera, Fleckfieber und Hepatitis A, die vor allem durch unsauberes Trinkwasser verbreitet werden. Am größten sei das Problem in den Ländern Mittel- und Osteuropas. Der Ausbruch anderer Krankheiten durch verseuchtes Trinkwasser sei in den vergangenen zehn Jahren auch in Westeuropa verstärkt registriert worden. ›Auch in Ländern wie Deutschland, wo man es nicht unbedingt vermuten sollte, ist es in den vergangenen Jahren mehrfach zum Ausbruch von Krankheiten durch verunreinigtes Trinkwasser gekommen‹, sagte Günter Klein von der europäischen Vertretung der Weltgesundheits-Organisation (WHO). Aus Schweden und Großbritannien seien ebenfalls zahlreiche Fälle von Magen-Darm-Entzündungen durch verschmutztes Trinkwasser bekannt. Die Vereinten Nationen begehen am kommenden Montag den internationalen ›Tag des Wassers‹ ...«

(Quelle: Salzburger Nachrichten, 19.03.99)

»Malaria tötet jede halbe Minute Kind

Alle 30 Sekunden stirbt irgendwo auf der Welt ein Kind an Malaria, beklagt die Weltgesundheitsorganisation WHO. Jeden Tag fallen 3.000 Kinder unter fünf Jahren der Tropenkrankheit zum Opfer. Dabei haben Untersuchungen in Afrika ergeben: Allein durch die Benutzung von insektizidgetränkten Moskitonetzen über dem Bett wären 30 Prozent der Todesfälle zu verhindern.«

(Quelle: Salzburger Nachrichten, 02.12.98)

»Ebola-Ausbruch in Kongo-Brazzaville befürchtet

Ein Ausbruch der tödlichen Ebola-Seuche wird in dem zentralafrikanischen Land Kongo-Brazzaville befürchtet. Laut Gesundheitsministerium starben in der nördlichen Region West Cuvette seit Anfang Januar mindestens 16 Menschen an einem für die Krankheit typischen Fieber mit inneren Blutungen. Die Behörden befürchten, das Virus könnte sich nun von diesen Dörfern ausbreiten. Gesundheitsexperten seien alarmiert worden, als in der Region eine Gruppe Gorillas an Ebola starb.«

(Quelle: http://www.yahoo.de – 06.02.2003)

»WHO verlangt weltweiten Einsatz gegen rätselhafte Lungenentzündung

Nach der Häufung von Fällen einer rätselhaften Lungenentzündung vor allem in Asien hat die Weltgesundheitsorganisation zum weltweiten Einsatz gegen die Seuche aufgerufen. Mit einem Patienten, der am Samstag in Frankfurt am Main isoliert wurde, ist der noch unbekannte Erreger wahrscheinlich auch nach Deutschland gelangt ... Die meisten Todesfälle infolge des Akuten Atemwegs-Syndroms (SARS) sind bislang in Asien aufgetreten, doch starben nach Behördenangaben auch zwei Kanadier, die sich offenbar in Hongkong angesteckt hatten ...

Die Generaldirektorin der Weltgesundheitsorganisation (WHO), Gro Harlem Brundtland, sagte in Genf: ›Jetzt ist dieses Syndrom eine weltweite Bedrohung für die Gesundheit.‹ Betroffen sind nach Angaben der WHO bislang Kanada, China, die chinesische Sonderregion Hongkong, Indonesien, die Philippinen, Singapur, Thailand und Vietnam. Falls Reisende kürzlich in einem dieser Länder waren und hohes Fieber sowie Atemprobleme haben, sollen sie sich auf das so genannte Schwere Akute Atemwegs-Syndrom untersuchen lassen. Brundtland sagte: ›Die Welt muss zusammenarbeiten, um seine Ursache herauszufinden, die Kranken zu heilen und die Ausbreitung zu stoppen.‹ Nach WHO-Angaben sind binnen einer Woche weltweit 150 Verdachtsfälle aufgetreten. Mehrere Menschen sollen an der Infektion gestorben sein ...«

(Quelle: http://www.heute.t-online.de – 16.03.03)

Die aufgezeigten Fakten stellen uns vor Augen, dass wir auch in unserer hoch technisierten Welt noch mit Seuchen zu tun haben. Seit der Zeit Jesu bis hin in die unsrige haben die Voraussagen von Jesus Gültigkeit behalten. In allen Jahrhunderten sind Menschen durch Seuchen gestorben. Leider auch noch heute!

12 Große Zeichen vom Himmel – Kräfte der Himmel werden erschüttert werden – Überschwemmungen

»Sogleich aber nach der Bedrängnis jener Zeit wird die Sonne sich verfinstern und der Mond seinen Schein verlieren, und die Sterne werden vom Himmel fallen, und die Kräfte der Himmel werden ins Wanken kommen.«

Matthäus, 24, 29

»Aber zu jener Zeit, nach dieser Bedrängnis, wird die Sonne sich verfinstern und der Mond seinen Schein verlieren, und die Sterne werden vom Himmel fallen, und die Kräfte der Himmel werden ins Wanken kommen.«

Markus 13, 24 + 25

»... auch werden Schrecknisse und vom Himmel her große Zeichen geschehen.« *Lukas 21, 11*

»Und es werden Zeichen geschehen an Sonne und Mond und Sternen, und auf Erden wird den Völkern bange sein, und sie werden verzagen vor dem Brausen und Wogen des Meeres, und die Menschen werden vergehen vor Furcht und in Erwartung der Dinge, die kommen sollen über die ganze Erde; denn die Kräfte der Himmel werden ins Wanken kommen.« *Lukas 21, 25 + 26*

Mit diesen Worten sagt Jesus voraus, dass es große Veränderungen in unserem Sonnensystem und an den Sternen geben wird. Auch werden große Überschwemmungen die Welt heimsuchen. Wir können uns vorstellen, was passiert, wenn sich die Sonne verändern würde. Das kann für die Erde entweder große Hitze oder bittere Kälte bedeuten. Durch mehr Hitze entstehen auf der Erde Wüsten und der Meeresspiegel steigt an, da die Polkappen schmelzen. Viele Landstriche würden überschwemmt werden. Wenn der Mond sich verändert, hat das Auswirkungen auf die Gezeiten und die Weltmeere (Anziehungskraft – Gravitation).

Wir können letztendlich nur spekulieren, was alles passieren wird. Wir wissen aber leider nur zu genau, dass sich die Erde schon heute von ihren klimatischen Bedingungen her immer mehr verändert – sie heizt sich immer stärker auf. Dadurch schmelzen riesige Eisfelder, der Meeresspiegel steigt, die Wüsten breiten sich aus. Durch die Vernichtung der Wälder verändern sich nachhaltig die Lebensbedingungen auf der Erde.

In Deutschland, Österreich, Tschechien und China haben wir 2002 Jahrhundertfluten erlebt.

»Zehntausende fliehen vor der Flut – Schröder ruft zu ›nationalem Kraftakt‹ auf – Kein Ende der Katastrophe in Sicht

Zehntausende Menschen in Deutschland sind auf der Flucht vor den verheerenden Hochwasserfluten. Unter dem Eindruck der gigantischen Schäden rief Bundeskanzler Schröder (SPD) zu einem nationalen Kraftakt auf. ›Die Zerstörungen übertreffen alle Annahmen‹, sagte der Kanzler nach einer Besichtigung der Katastrophengebiete in Sachsen, Thüringen und Sachsen-Anhalt. Schröder: ›Solche Schäden habe ich in meinem Leben noch nicht erlebt ...‹

Die Jahrhundertflut löste auch in der tschechischen Hauptstadt Prag Chaos und Verwüstung aus. Weite Teile der Metropole stehen unter Wasser.«

(Quelle: WAZ 15.08.2002)

»›Jahrhundertflut‹ verwüstet Teile Chinas

Rund 30 Millionen Menschen sind in Mitleidenschaft gezogen – Mindestens 248 Todesopfer

Verheerende Überschwemmungen und Unwetter in China haben rund 30 Millionen Menschen in Mitleidenschaft gezogen. Mindestens 248 Menschen kamen ums Leben. An mehreren Orten war von einer ›Jahrhundertflut‹ die Rede ...

Landesweit sind mindestens elf Provinzen und die Metropole Chongqing betroffen. Bei Evakuierungen wurden 320.000 Menschen in Sicherheit ge-

bracht. Tausende wurden obdachlos. Hunderte von Menschen werden noch vermisst. Viele Flüsse im schwer betroffenen Nordwesten stiegen auf historische Rekordstände ...«

(Quelle: WAZ 14.06.2002)

»US-Wissenschaftler berichten über alarmierende Eisschmelze

Die Grönland-Gletscher und das Eis der Arktis schmelzen nach Beobachtung amerikanischer Wissenschaftler mit alarmierender Geschwindigkeit. Dies sei teilweise auf natürliche Wettervariationen zurückzuführen, berichteten Experten auf einer Konferenz der Geophysikalischen Gesellschaft in San Francisco. Die Wissenschaftler verwiesen nach einem Bericht der New York Times von Sonntag aber darauf, dass die Klimaerwärmung durch den Kohlendioxid-Ausstoß und die von Menschen verursachte Teilzerstörung der Ozonschicht dazu wahrscheinlich beigetragen habe ...

Das war der verrückteste Sommer, den ich hier gesehen habe, berichtete Mark Serreze vom Nationalen Schnee- und Eisdatenzentrum in Boulder nach Angaben der Zeitung. Wenn der Trend sich fortsetze, könne die Arktis in 45 Jahren im Sommer praktisch eisfrei sein ...«

(Quelle: http://www.yahoo.de – 09.12.02)

Diese Fluten sind sicherlich nicht in erster Linie auf die klimatischen Veränderungen zurückzuführen, obwohl sich die globale Durchschnittstemperatur im letzten Jahrhundert um ca. 0,7 Grad erhöht hat. Sie zeigen aber deutlich, was es für Auswirkungen haben wird, wenn es mit den klimatischen Verschiebungen so weiter geht. Je wärmer es wird, desto mehr Wasser verdunstet – und dieses Wasser muss dann irgendwo wieder abregnen. Häufigere und stärkere Regenfälle sind die logische Folge.

Jesus prophezeit, dass die Kräfte der Himmel aus den Fugen geraten. Es werden drastische Veränderungen auf unserer Erde, im Sonnensystem und vielleicht im Universum passieren.

Was das sein wird, können wir aus diesen Versen nicht vorhersagen. Vielleicht werden sich Planeten und Sterne verändern. Vielleicht ist von Meteoriten oder Gesteinsbrocken die Rede, die auf die Erde stürzen.

Am 25.11.2001 lief im ZDF eine interessante Wissenschaftssendung. Dort verdeutlichte der Wissenschaftsautor Joachim Bublath, wie chaotisch es in unserem Sonnensystem zugeht. Die folgende Beschreibung des Zustands in unserem Sonnensystem ist auszugsweise entnommen aus seinem Buch »Chaos im Universum«. Dieses Buch diente auch als Grundlage der Sendung. Bublath beschreibt hier in eindrucksvoller Weise, von welchen Himmelskörpern unsere Erde umgeben ist.

»Auf der Erde sind Spuren von Treffern von Gesteinsbrocken an verschiedenen Orten wie z. B. im Nördlinger Ries oder als Krater bei Flagstaff in Arizona zu sehen. Der Einschlag in Arizona erzeugte einen Krater mit einem Durchmesser von 1,2 Kilometern. Der Felsbrocken, der wahrscheinlich einen Durchmesser von 30 Metern hatte, löschte in der Umgebung alles Leben aus. Auf der Erde verwischt die Erosion aufgrund der Atmosphäre und des vorhandenen Lebens weitgehend die Spuren dieser späten Einschläge. Auf dem Mond ist dies nicht der Fall.

Heute gelangen zwar immer wieder sehr kleine ›Steinchen‹ aus dem Weltall zu uns. Sie zerfallen und verglühen jedoch in der Atmosphäre und erreichen deshalb nicht die Erdoberfläche. Etwa 200.000 Tonnen dieses Staubs treffen jährlich die Erde. Aber ganz frei von einer Bedrohung durch Einschläge auf der Erde sind wir auch heute nicht. Eine potenzielle Gefahr geht von einem Gebiet aus, das zwischen Mars und Jupiter liegt, dem Asteroidengürtel. Hier haben sich die restlichen Materiebrocken unseres Planetensystems versteckt und ziehen zu Millionen ihre Bahn um die Sonne. Ihr Durchmesser kann mehrere hundert Kilometer betragen, die meisten von ihnen sind jedoch kleiner, mit Ausmaßen, die deutlich unter 1 Kilometer liegen. Hinzu kommen zahllose Ministeine, die in diesem Gürtel die Sonne umkreisen. Mit der heutigen Technik kann man sogar Fotos von einigen dieser Gesteinsbrocken im Weltall machen, und man hat sie teilweise auch mit Namen versehen. So lieferten Raumsonden Bilder von den Asteroiden Gaspra, etwa 17 Kilometer lang, oder Ida mit einer Länge von etwas über 50 Kilometern. Aber nicht alle diese Materiebrocken umkreisen brav und geordnet fernab der Erde die Sonne. Einige von ihnen bewegen sich auf einer Bahn durch das Planetensystem, die den Weg der Erde kreuzt, und dann droht Gefahr. Diese Asteroiden werden dann Meteore oder – als kleinere Bruchstücke – Meteoriten genannt. Einige dieser die Planetenbahnen kreuzenden Materiebrocken kann man mit

Teleskopen beobachten, und daraus entstand eine Karte, die zeigt, wie sich diese Brocken im Planetensystem verteilen. Aber es sind bei weitem nicht alle dieser Wanderer im All registriert. Das Unangenehme an der Situation ist, dass die Objekte häufig zu klein und zu dunkel sind, um sie wahrnehmen zu können. Zwar beobachtet man das Weltall gezielt, aber das Abtasten des Himmels nach diesen gefährlichen Objekten kann nur unvollständige Ergebnisse liefern. Wegen der hohen Aufprallgeschwindigkeit verursachen auch relativ kleine Brocken große Schäden. Es gibt Pläne, den Zusammenstoß mit diesen Bomben aus dem Weltall abzuwehren, sollten sie die Erde bedrohen. Raumfähren oder Raketen übernähmen darin die Aufgabe, die anfliegenden Materiebrocken zu zerstören, bevor sie auf die Erde prallen ...

So schoss 1996 ein Asteroid mit einem Durchmesser von 500 Metern im Abstand von 45.000 Kilometern an der Erde vorbei. Erst vier Tage zuvor hatte man ihn entdeckt – zu spät, um irgendwelche Aktionen starten zu können. Die Wahrscheinlichkeit, dass ein größerer Asteroid die Erde einmal vernichtend treffen kann, ist äußerst gering, aber Wahrscheinlichkeiten sagen nichts über den Zeitpunkt aus, wann das geschehen wird ...

Von kleinen Meteoriten mit einigen Metern Durchmesser wird die Erde relativ häufig getroffen. Beim Durchfliegen der Atmosphäre erhitzen sie sich jedoch so stark, dass sie abschmelzen und auf wenige Zentimeter schrumpfen oder sogar vollständig verdampfen. Sind sie erheblich größer, dann kann es zu ernsteren Folgen kommen, denn sie schlagen mit etwa 10 Kilometern pro Sekunde auf die Erdoberfläche auf. Im Jahr 1908 verglühte ein großer Meteorit oder ein Bruchstück eines Kometen über Sibirien, knickte mit seiner Druckwelle Bäume in einem Umkreis von 25 Kilometern um und ließ sie verkohlen. Solche kleineren Katastrophen treffen die Erde – so wollen manche mit Hilfe der Statistik ausgerechnet haben – etwa alle 1.000 Jahre.

Die großen Asteroiden, die bei einer Kollision mit der Erde zur Katastrophe führen können, versucht man im Auge zu behalten. Alle verdächtigen Kandidaten mit Kurs auf die Erde flogen jedoch bislang mit einigen Millionen Kilometern Abstand an der Erde vorbei, und die neu hinzugekommenen werden das, Bahnberechnungen zufolge, wohl auch in Zukunft tun. Von einem ›nahen Ereignis‹ spricht man schon, wenn ein größerer Meteorit in 100.000 Kilometern Entfernung an der Erde vorbeidriftet. 1994 zum Beispiel passierte einer dieser Brocken die Erde im Abstand von 105.000 Kilometern. Im September 2000 raste ein Exemplar mit einem Durchmesser von 600 Metern an der Erde vorbei. Der geringste Abstand betrug hier etwa 4 Millionen Kilometer – was etwa zehnmal dem Abstand der Erde vom Mond entspricht. Alle Berechnungen darüber, wie häufig Asteroiden aus ihrer ruhigen Bahn um die Erde gedrängt werden und Kurs auf die erdnahen Bereiche nehmen, sind nicht mehr als Spekulationen. Keiner weiß, wie sich unterschiedliche Planetenkonstellationen und damit die Gravitationskräfte auf die Objekte im Asteroidengürtel auswirken. Und so kann es immer passieren, dass einer dieser Materiebrocken aus seiner Umlaufbahn gedrängt wird und auf eine Bahn gelangt, die sich mit unserer Erdbahn kreuzt.

Aber die Asteroiden und Meteoriten sind nicht die einzigen Himmelsobjekte, die das Leben auf der Erde gefährden können. Auch Kometen können beim Auftreffen eine dramatische Zerstörung anrichten. Kometen werden oft ›schmutzige Schneebälle‹ genannt, weil sie hauptsächlich aus Eis bestehen; sie besitzen allerdings eine Ausdehnung von einigen Kilometern. Kometen tauchen urplötzlich aus der Tiefe des Weltalls auf und entfalten dann in der Nähe der Sonne ihre eindrucksvolle Pracht ...

Wie dramatisch ein solcher Einschlag wäre, zeigte sich 1994. Damals prallte der Komet Shoemaker-Levy 9 mit einer Geschwindigkeit von 60 Kilometern pro Sekunde auf den Jupiter. Die gewaltige Gravitationskraft des großen Jupiter zerriss zunächst den Kometen in kleinere Stücke, die dann mit einer Energie aufprallten, die mit der Explosion mehrerer hundert Atombomben vergleichbar war – ein gigantisches Ereignis.

Kometen tauchen immer wieder völlig unvermutet auf, und dass sie auch die Erde treffen könnten, zeigen die Spuren aus der Vergangenheit ...

An diesen Beispielen zeigt sich, dass es in unserem Planetensystem nicht ganz so ruhig zugeht, dass wir uns in Sicherheit wiegen könnten. Katastrophale Ereignisse – wie die Zusammenstöße mit umherirrenden Materiebrocken im Weltall – sind nicht vorhersagbar.

Hat man einmal einen Kometen entdeckt, weil er in Sonnennähe eindrucksvoll zu strahlen beginnt, dann kann seine Bahn relativ einfach bestimmt werden, und die Gefahr ist relativ leicht abzuschätzen. Aber diese Eisbrocken tauchen zunächst unsichtbar und plötzlich aus der Tiefe des Weltalls auf. Die Beobachtung der Bahnkurven zeigt, dass sie sich im Gravitationsfeld der Sonne regelmäßig, auf geordneten Bahnen bewegen. Diese Umlaufbahnen geben auch Hinweise auf den Ursprungsort der Kometen. Es zeigen sich Kometen auf lang gestreckten Bahnen und Kometen wie Halley, die eine kurzperiodische Umlaufbahn besitzen. Aus den Umlaufbahnen lässt sich der Ursprung dieser Eisklumpen berechnen. Die kurzperiodischen, deren Umlaufzeit weniger als 200 Jahre beträgt, kommen aus einem Gürtel, der nach dem Begründer dieser Theorie Kuiper-Ring genannt wird. Dieser Gürtel liegt jenseits von Neptun, dem vorletzten Planeten unseres Systems, und in ihm kreisen Millionen von Eisbrocken um die Sonne. Die langperiodischen Kometen kommen von noch weiter her. Aus ihrer lang gestreckten Bahn lassen sich ihre sonnenfernen Umkehrpunkte berechnen. Und es zeigt sich, dass es offenbar in einer Entfernung von 1.000-mal der Strecke zwischen der Sonne und dem äußersten Planeten Pluto eine ausgedehnte Wolke von Eisbrocken gibt, denen es immer wieder gelingt, in das Sonnensystem vorzudringen. Zwischen 20.000 und 70.000 Astronomische Einheiten (AE) ist dieser Bereich entfernt, wobei eine Astronomische Einheit dem Abstand der Erde von der Sonne, das sind 150 Millionen Kilometer, entspricht. Diese Region wird als Oort'sche Wolke bezeichnet, nach dem holländischen Astronomen Jan Hendrik Oort, der als Erster dieses Gebiet als Ursprung für die langperiodischen Kometen vermutete. Die ungemütliche Erkenntnis ist, dass unser Planetensystem von einer dicht an dicht gestaffelten Armada von Eisbrocken umgeben ist. Wenn einer dieser Eisbrocken seine Umlaufbahn ändert und aus dem Verband ausschert, kann sein Weg auch in die Nähe der Erde führen. Der Einfluss benachbarter Sterne kann ein solches Ereignis auslösen, ihre Gravitationswirkung wirft dann die Eisbrocken aus ihrer Bahn.

Und auch die Bahnen der Asteroiden und Kometen verlaufen im Gravitationsfeld der Sonne überschaubar. Das ist die Chance für Naturwissenschaftler. Diese Bahnen lassen sich berechnen, und aus diesen Berechnungen kann man Schlüsse ziehen. Zum Beispiel, wie diese Bewegungen in Zukunft ablaufen werden. Aber diese Gleichmäßigkeit – diese Ordnung – bleibt nicht in alle Ewigkeit erhalten. Immer wieder einmal wird sie durch Schwankungen im Gravitationsfeld gestört, durch vorbeiziehende Sterne zum Beispiel, und dann kommt es erneut zu Katastrophen.«

(Quelle: Joachim Bublath, Chaos im Universum, Droemer, München 2001, S. 9-25)

Diese eindrückliche Beschreibung macht deutlich, dass es nicht abwegig ist, dass einmal etwas sehr Unvorhergesehenes passieren kann – dass Asteroiden, Meteoriten oder Kometen auf die Erde treffen. Was das für Auswirkungen für unseren Planeten hätte, hat Joachim Bublath verdeutlicht. Es ist durchaus vorstellbar, dass die Vorhersagen von Jesus einmal eintreffen werden.

Die nachfolgend aufgeführten Berichte zeigen, dass gerade in jüngster Zeit Himmelskörper »nah« an die Erde herangekommen sind.

»Großer Asteroid rast an der Erde vorbei

Ein Asteroid mit einem Durchmesser von 300 m ist am Montag knapp an der Erde vorbeigerast. Der über 100.000 Kilometer pro Stunde schnelle Himmelskörper 2001 YB5 sei mit 833.000 km nur etwa doppelt so weit entfernt gewesen wie der Mond, berichtete Donald Yeomans vom Jet Propulsion Laboratory der NASA in Pasadena (Kalifornien). Objekte dieser Größe kämen nur alle paar Jahre der Erde derart nahe. Er würde diesen Asteroid nicht als gefährlich bezeichnen, aber als interessant, sagte Yeomans. 2001 YB5 war u. a. von den tschechischen Sternforschern Jana Ticha und Milos Tichy beobachtet worden. ›Der Asteroid war sehr sehr nahe‹, erklärte Ticha. Lenka Sroubkova vom Planetarium in Oldrichov (Mittelböhmen) sagte, ›die hohe Geschwindigkeit des Asteroids löst im Observatorium eine automatische Kamera aus – das ist das gleiche Prinzip, das ein Polizei-Radar bei Rasern benutzt.‹ Im Jahr 2027 werde der ein Kilometer große Asteroid 1999 AN10 sogar noch näher an der Erde vorbeirasen. Träfe ein Asteroid von 300 m Durchmesser auf die Erde, würde er einen Krater von 6 km Durchmesser schlagen, sagte Raumfahrtingenieur Christian Gritzner von der Technischen Universität Dresden. Im Umkreis von 50 bis 100 km gäbe es schwerste Zerstörungen durch Trümmer und Erdbeben. Unabsehbar seien die Folgen, falls Kernkraftwerke oder Chemieanlagen betroffen seien. Ein Einschlag ins Meer könne tatsächlich zu Flutwellen wie im Film ›Deep Impact‹ führen, erläuterte Asteroiden-Experte Gritzner. Generell gehe von diesen Brocken eine Gefahr für die Erde aus. Eine globale Katastrophe könne ein Asteroid von einem Kilometer Durchmesser auslösen. Der Asteroid, der vor 65 Mio. Jahren die Dinosaurier ausgelöscht hatte, sei 10 km groß gewesen. Der nächste bereits bekannte Asteroid von ähnlicher Größenordnung und Entfernung zur Erde soll, so die NASA, am 2. Weihnachtsfeiertag 2011 an der Erde vorbeirasen. 2000 YA wird dann von der Erde rund dreimal so weit entfernt sein wie der Mond.«

(Quelle: WAZ 09.01.2002)

»Asteroid fliegt an der Erde vorbei

Ein Asteroid von 30 bis 50 Metern Größe wird am frühen Morgen des kommenden Montags (8. Juni) in einer Entfernung von rund 820.000 Kilometern an der Erde vorbeiziehen. Das Objekt mit der vorläufigen Bezeichnung 1998 KY26 habe Tom Gehrels bereits im Mai mit dem 90-Zentimeter-Spacewatch-Teleskop auf dem Berg Kitt Peak in Arizona entdeckt, berichtete die Internationale Astronomische Union in Cambridge (US-Staat Massachusetts) am Donnerstag. Damals war es noch 4,3 Millionen Kilometer von der Erde entfernt. Auf seinem elliptischen Kurs um die Sonne pendelt der Asteroid innerhalb von 500 Tagen zwischen der Bahn von Erde und Mars hin und her. Vor knapp 90 Jahren, am 30. Juni 1908, war ein vermutlich ähnlich großer Brocken auf die Erde geprallt und in rund drei Kilometern Höhe über Sibirien explodiert. Damals wurden durch die gewaltige Druckwelle alle Bäume im Umkreis von 30 Kilometern umgeknickt und im Zentrum der Aufprallstelle durch die extreme Hitze verkohlt.«

(Quelle: WAZ 05.06.1998)

»Asteroid auf Kollisionskurs mit der Erde

US-Astronomen: 1997 XF11 kommt uns im Jahr 2028 gefährlich nahe

US-Astronomen haben einen Asteroiden ausgemacht, der in 30 Jahren der Erde gefährlich nahe kommt. Sogar einen Einschlag mit verheerenden Folgen wollen die Fachleute zur Zeit nicht völlig ausschließen. Diese Möglichkeit ist gering, aber gegeben, so die Internationale Astronomische Union. Nach den Berechnungen wird der Asteroid mit der Bezeichnung 1997 XF11 am 26. Oktober 2028 der Erde am nächsten kommen. 1997 XF11 hat etwa einen Durchmesser von 1,6 Kilometern. Asteroiden-Spezialist Jack Hills sagte, dass erstmals ein Objekt dieser Größe der Erde so nahe käme. ›Das ist der gefährlichste, den wir je gefunden haben. Ein Objekt dieser Größe könnte viele Menschen umbringen‹, so der Experte der Sternwarte Los Alamos. Sein Kollege Steven Maran weist darauf hin, dass noch Jahre nötig seien, bis die Flugbahn des Asteroiden genau berechnet werden könne. Nach den Berechnungen von Hills würde 1997 XF11 beim Einschlag auf der Erde mit einer Geschwindigkeit von mehr als 27.000 km/h eine Energie von 320.000.000 Tonnen Dynamit freisetzen – das entspricht fast zwei Millionen Hiroshima-Atombomben. Sollte der Asteroid im Atlantik einschlagen, würden die Küsten von einer zig Meter hohen Flutwelle verschlungen. Sollte er auf dem Festland einschlagen, entstünde ein Krater mit 32 Kilometern Durchmesser.«

(Quelle: WAZ 13.03.1998)

Jesus prophezeite, dass große Zeichen am Himmel und auf der Erde passieren werden. Diese Voraussagen sind heute noch nicht erfüllt. Es geht in diesen Ausführungen nicht darum Panik zu verbreiten. Aber es ist durchaus vorstellbar, dass unser Sonnensystem und die Erde auf gewaltige Katastrophen zugehen. Genau das hat Jesus vorhergesagt.

13 Christen werden verfolgt werden

»Dann werden sie euch der Bedrängnis preisgeben und euch töten. Und ihr werdet gehasst werden um meines Namens willen von allen Völkern. Dann werden viele abfallen und werden sich untereinander verraten und werden sich untereinander hassen.« *Matthäus 24, 9+10*

»Denn es wird dann eine große Bedrängnis sein, wie sie nicht gewesen ist vom Anfang der Welt bis jetzt und auch nicht wieder werden wird.«
Matthäus 24, 21

»Ihr aber seht euch vor! Denn sie werden euch den Gerichten überantworten, und in den Synagogen werdet ihr gegeißelt werden, und vor Statthalter und Könige werdet ihr geführt werden um meinetwillen, ihnen zum Zeugnis.«
Markus 13, 9

»Aber vor diesem allen werden sie Hand an euch legen und euch verfolgen und werden euch überantworten den Synagogen und Gefängnissen und euch vor Könige und Statthalter führen um meines Namens willen. Ihr werdet aber verraten werden von Eltern, Brüdern, Verwandten und Freunden; und man wird einige von euch töten. Und ihr werdet gehasst sein von jedermann um meines Namens willen.« *Lukas 21, 12+16+17*

Jesus sagte voraus, dass in der letzten Zeit der Welt Christen überall verfolgt werden. Sie werden sogar von Freunden und Familienangehörigen verraten und von allen gehasst werden. Verfolgung von Christen gibt es, seit die christliche Gemeinde existiert. Die Verfolgung fing mit der Entstehung der Gemeinde an und zog sich durch alle Jahrhunderte mehr oder weniger stark hindurch. Bis heute sind seit Entstehung der Gemeinde ca. 40 Millionen Christen aufgrund ihres Glaubens getötet worden. Zu Zeiten des Römischen Reiches wurden Christen grausam verfolgt. Das hat sich bis heute leider nicht geändert. Das letzte Jahrhundert war für die Christen in dieser Hinsicht das schlimmste Jahrhundert – das Jahrhundert der größten Christenverfolgungen. Noch nie wurden so viele Christen wegen ihres Glaubens getötet wie in den letzten 100 Jahren.

In Deutschland kennen wir heute keine physische Verfolgung. Dies darf uns dankbar stimmen. Von daher kommt es uns vielleicht so vor, dass heutzutage keine Christen verfolgt werden. Wenn wir aber z. B. an Saudi-Arabien, Iran, Nordkorea, Tibet oder Sudan denken, dann ist dieser Vers auch heute leider höchst aktuell. In den genannten Ländern und in vielen anderen sterben heute Christen um ihres Glaubens willen oder werden grausam verfolgt.

Nachfolgend wird auszugsweise »Eine Dokumentation zur weltweiten Diskriminierung und Verfolgung von Christen« wiedergegeben.

»Jährlich 165.000 christliche Märtyrer ...

Im Jahr 1970 starben schätzungsweise 230.000 Christen aller Konfessionen wegen ihres Glaubens, im Jahr 1988 waren es wohl 300.000. Doch alle Voraussagen eines weiteren Anstiegs erwiesen sich zum Glück als falsch. Im Jahr 2000 sind es schätzungsweise »nur noch« 165.000 Märtyrer. Wenn man bedenkt, dass die Zahl der Weltbevölkerung in derselben Zeit von 1970 bis heute von 3,7 Milliarden auf 6,0 Milliarden gestiegen ist, ist damit die Zahl der Märtyrer nicht nur in absoluten Zahlen, sondern erst recht prozentual weltweit zurückgegangen. Das ist natürlich vor allem dem Zusammenbruch des Weltkommunismus und vieler Diktaturen zu verdanken. Doch inzwischen ist die Zahl der Märtyrer wieder langsam im Steigen begriffen – jedes Jahr werden etwa 3.000 Christen mehr wegen ihres Glaubens umgebracht als im Vorjahr. Dafür ist die zunehmende Ausweitung des fundamentalistischen Islam ebenso verantwortlich wie etwa das Wachstum des politischen Hinduismus und das Entstehen neuer Diktaturen in Afrika. So erfreulich der Rückgang der Zahl gegenüber 1970 ist – wer kann sich darüber angesichts von 165.000 Märtyrern im Jahr 1999 wirklich freuen? Hundertfünfundsechzigtausend! Und damit sind natürlich noch nicht all diejenigen Christen erfasst, die nicht getötet werden, sondern die Verfolgung überleben. Wie viele Christen weltweit gefoltert, schikaniert oder vertrieben werden, kann noch nicht einmal geschätzt werden. Erst recht nicht zu erfassen sind die von behördlichen Willkürmaßnahmen Betroffenen, etwa wenn Kirchengebäude geschlossen oder Versammlungen verboten werden oder Kinder christlicher Eltern keine höhere Ausbildung erhalten, um nur einige Beispiele unter vielen zu nennen. Und dann sind da natürlich noch die Märtyrer anderer Religionen, die von anderen Menschen wegen ihrer innersten Überzeugungen umgebracht werden. Es geht hier zunächst nur um Christenverfolgung, also nur um einen Aspekt der umfassenderen Themen Religionsfreiheit und Menschenrechte. Darin liegt allerdings auch eine gewisse Berechtigung, da der größte Teil der Unterdrückung der Religionsfreiheit Christen betrifft. Keine Religionsgemeinschaft wird nämlich so verfolgt wie die Christlichen Kirchen – etwas, was natürlich nicht immer in der Geschichte so war. So konnte der frühere Chefrabbiner der Jüdischen Gemeinde in Großbritannien kürzlich feststellen, dass erstmals weltweit nirgends Juden verfolgt werden, nur weil sie Juden sind.

Die christliche Kirche ist in neutestamentlicher Zeit aus Verfolgungssituationen heraus entstanden. Das Martyrium ist keine peinliche Schattenseite des Christentums, sondern ein selbstverständlicher Bestandteil des alttestamentlichen, jüdischen, neutestamentlichen und frühkirchlichen Glaubens.«

(Quelle: Max Klingberg (Hrsg.), Märtyrer heute – Eine Dokumentation zur weltweiten Diskriminierung und Verfolgung von Christen, Schulte + Gerth, Aßlar 2000, S. 18-23)

Weltverfolgungsindex der Hilfsorganisation »Offene Grenzen«

Die Hilfsorganisation »Offene Grenzen« gibt in regelmäßigen Abständen den Weltverfolgungsindex heraus. In diesem Index wird bewertet, ob und wie stark Menschen in den verschiedenen Ländern der Erde wegen ihres Glaubens diskriminiert oder verfolgt werden.

Natürlich ist es schwer, diesen Sachverhalt objektiv einzuschätzen. Oft fehlen die notwendigen Informationen. Hinzu kommt, dass die ethnischen, sozialen und kulturellen Gegebenheiten der Länder höchst unterschiedlich sind. Auch ist die Situation in den einzelnen Teilen desselben Landes oft sehr verschieden. Daher mag mancher im Einzelfall zu anderen Einschätzungen neigen. Diese Liste stellt jedoch den einzigen Versuch dar, die Religionsfreiheit in allen Staaten der Erde nach detaillierten Kriterien einzuschätzen.

Die hier abgedruckte Liste wurde von »Offene Grenzen« im Juli 2002 veröffentlicht.

Rangfolge	Länder
1	Nordkorea
2	Saudi-Arabien
3	Laos
4	Vietnam
5	Turkmenistan
6	Malediven
7	Bhutan
8	Pakistan
9	Afghanistan
10	Somalia
11	Iran
12	China
13	Sudan (Nord)
14	Myanmar (Burma)
15	Ägypten
16	Aserbaidschan
17	Nigeria (Nord)
18	Jemen
19	Komoren
20	Kolumbien
21	Kuba
22	Usbekistan
23	Katar
24	Brunei
25	Marokko
26	Tunesien
27	Irak
28	Russland (muslimische Gebiete)
29	Libyen
30	Tadschikistan

31	Indonesien
32	Indien
33	Sri Lanka
34	Dschibuti
35	Türkei
36	Mexiko (Süden)
37	Vereinigte arabische Emirate
38	Nepal
39	Kurdistan
40	Oman
41	Mauretanien
42	Algerien
43	Malaysia
44	Syrien
45	Bahrain
46	Eritrea
47	Äthiopien
48	Kuwait
49	Kenia (Nord-Ost)
50	Belarus

(Quelle: http://de.od.org – Stand Juli 2002)

Die Situation von Christen in vielen Ländern der Erde findet in unserer Medienlandschaft leider nur wenig Beachtung. Nur wenige Informationen dringen tatsächlich durch und werden in der Öffentlichkeit wahrgenommen. Für jeden Hinweis, der auf die schlimme Lage von Christen in Ländern aufmerksam macht, darf man dankbar sein. Beispielhaft sei hier ein Bericht abgedruckt:

»Für Gläubige wird das Leben in China immer gefährlicher

Mehrere Katholiken berichten über Folterungen und Festnahmen

Priester der katholischen Untergrundkirche in China sind nach ihrer Verhaftung im Sommer 2001 gefoltert worden. Das berichteten jetzt mit dem Fall vertraute Katholiken der WAZ. Die Geistlichen gehören zu einer Gruppe von zehn Priestern, die am 10. Juli in der chinesischen Südprovinz Jiangxi bei

Exerzitien im Ort Yingtan festgenommen wurden. Polizisten brachten sie in Arrestzellen. Dort wurden sie gefesselt. Beamte zwangen sie in die in China als ›Flugzeug‹ berüchtigte Position, bei der die Arme verdreht und beschwert werden. Dabei schlugen und knebelten sie die Polizisten. So wurden sie gezwungen, ›Geständnisse‹ zu unterschreiben, heißt es. Mindestens eines der Opfer habe seitdem schwere Kopfschmerzen und müsse sich immer wieder übergeben. Einige der Gefangenen erhielten Ende Oktober offiziell ihre Entlassungspapiere, blieben aber in Haft. Die Dokumente nannten als Grund für die Festnahme: ›Störung der gesellschaftlichen Ordnung.‹ Fünf der Geistlichen sind inzwischen in ein ›Umerziehungslager‹ gebracht worden. Einer der Priester habe drei Jahre Haft erhalten, die anderen 18 Monate. Fünf weitere Priester sollen sich noch in Polizeigewahrsam befinden. Die örtlichen Behörden schweigen dazu. Die Berichte aus Jiangxi widersprechen der Behauptung der chinesischen Regierung, dass ›niemand in China wegen seines Glaubens ins Gefängnis kommt‹, wie Staatschef Jiang Zemin noch in der vergangenen Woche bei einer gemeinsamen Pressekonferenz mit US-Präsident George W. Bush erklärte. ›Religionsfreiheit‹ bedeutet für die Pekinger Regierung, dass die Bevölkerung sich nur den offiziellen ›patriotischen‹ Organisationen der Katholiken, Protestanten, Muslime, Taoisten oder Buddhisten anschließen darf. In den letzten Wochen drangen immer wieder Berichte über verstärkte Unterdrückung religiöser Gruppen an die Öffentlichkeit. Der Vatikan publizierte jüngst eine Liste von mehr als fünfzig Bischöfen und Priestern, die in China derzeit im Gefängnis sitzen oder beobachtet werden. Auch Anhänger anderer religiöser Gruppen stehen derzeit unter starkem Druck. Gleichzeitig nimmt die Zahl der Gläubigen ständig zu. Die meisten Gotteshäuser sind überfüllt.«

(Quelle: WAZ 05.03.2002)

Hervorgerufen durch die schrecklichen Anschläge vom 11. September 2001 sind auch in Deutschland Gesetze verabschiedet worden, um dem Terror gezielter zu begegnen. Diese Gesetze hätten ohne die Ereignisse in New York unter keinen Umständen mit so wenig öffentlicher Diskussion und Widerstand verabschiedet werden können. Sie ermöglichen einen zum Teil massiven Eingriff in die Privatsphäre der Bürger. Unter anderem wurde auch das Religionsprivileg im Vereinsrecht abgeschafft.

»Erstes Anti-Terror-Paket

Der Bundesrat hat am 30. November 2001 das Gesetz zur Finanzierung der Terrorbekämpfung gebilligt. Damit können die Maßnahmen der Bundesregierung aus dem ersten Anti-Terror-Paket umgesetzt werden, mit dem die Bundesregierung terroristische Vereinigungen besser bekämpfen und die innere Sicherheit erhöhen will ...

Vereinsrecht: Abschaffung des Religionsprivilegs

Die Abschaffung des so genannten Religionsprivilegs im Vereinsgesetz ist am 8. Dezember in Kraft getreten. Durch die ersatzlose Streichung des Paragrafen 2 Absatz 2 Ziffer 3 Vereinsgesetz können jetzt Vereinigungen verboten werden, wenn sie die Religionsausübung als Deckmantel für extremistische Ziele missbrauchen. Damit reagiert die Bundesregierung nicht nur auf die Terroranschläge in den USA. Das Vereinsgesetz stammt aus dem Jahre 1964. Seitdem wurden Erfahrungen gesammelt, die diese Gesetzesänderung notwendig machten. So hat sich in der Vergangenheit gezeigt, dass ein Verbot von Vereinen (auch wenn es sich um Religionsgemeinschaften handelt) nötig ist, wenn deren Zweck oder Tätigkeit den Strafgesetzen zuwiderläuft, sich gegen die verfassungsmäßige Ordnung richtet oder den Gedanken der Völkerverständigung missachtet. Bisher fielen Religionsgemeinschaften und Weltanschauungsvereinigungen nicht unter das Vereinsgesetz. Dies hatte die Konsequenz, dass diese Vereinigungen nicht nach dem Vereinsrecht verboten werden konnten ...«

(Quelle: Bundesregierung.de
http://www.bundesregierung.de/top/dokumente/Artikel/ix_59716.htm?template=single&id=59716_1499&script=1&ixepf=_59716_1499)

Natürlich zielt diese Gesetzesänderung heute auf islamische Vereinigungen. Was geschieht aber in 20 Jahren mit der christlichen Gemeinde, wenn sie z. B. an der Einzigartigkeit der Erlösung durch Jesus Christus festhält? Ist Sie dann noch tolerant und völkerverständigend? Christen in Deutschland dürfen sich nach wie vor darüber freuen, dass sie sich in Freiheit zu ihrem Glauben bekennen und sich versammeln dürfen. Solche Gesetze und Entscheidungen können aber den Boden dafür bereiten, dass eines Tages auch in unserem Land dem Bekenntnis zum christlichen Glauben mit Intoleranz begegnet wird. Es gibt heute weltweit die verschiedensten Entwicklungen, die darauf zielen, dass sich die Religionen aufeinander zu bewegen sollen. Einer der großen Antreiber dieser weltweiten religiösen Ökumene ist Papst Johannes Paul II. In dieser Bewegung wird das Verbindende in den einzelnen Religionen gesucht. Dabei werden manche Wahrheiten nicht mehr verteidigt, um den Einheitsbestrebungen nicht im Wege zu stehen.

Das nachfolgende Statement des Philosophen und Wissenschaftlers Carl-Friedrich von Weizsäcker soll deutlich machen, wie viele heute über den christlichen Glauben denken – er sei intolerant, weil er an der Einzigartigkeit Jesu Christi festhält.

*»**Weizsäcker:** Ich wage die Hoffnung, dass die Weltreligionen in den kommenden hundert Jahren eine tiefe Verwandlung durchmachen: Sie müssen etwas erreichen, was die asiatischen Religionen schon lange haben: nämlich die echte, den anderen ernst nehmende Toleranz. Es ist ein Fehler jeweils des Christentums, des Judentums und des Islam zu meinen, sie seien die einzig wahre Religion.«*

(Quelle: Das Sonntagsblatt)

Auszug aus dem Interview mit Carl-Friedrich von Weizsäcker, geführt von Henrik Müller

Der Beitrag ist der zweite in einer Reihe zum 50-jährigen UNO-Bestehen. Teil 1, erschienen in DS 27/95

»Was können wir jetzt festhalten?

Wenn wir die Aussage Jesu nur auf Deutschland beziehen, dürfen wir mit Dankbarkeit feststellen, dass Christen heute nicht verfolgt werden. Aus Sicht der Christen in vielen Ländern der Welt haben die Worte Jesu heute leider volle Erfüllung gefunden – und das nicht erst jetzt, sondern schon seit Entstehung der Gemeinde. Christen werden seit 2.000 Jahren wegen ihres Bekenntnisses verfolgt. Um es hier noch einmal zu sagen – die Verfolgung der Christen war allerdings noch nie so stark wie in den letzten 100 Jahren.«

14 Gesetzlosigkeit nimmt überhand – die Liebe erkaltet in den Menschen – der Umgang wird härter

»Und weil die Ungerechtigkeit (Gesetzlosigkeit) überhandnehmen wird, wird die Liebe in vielen erkalten.« *Matthäus 24, 12*

»Das sollst du aber wissen, dass in den letzten Tagen schlimme Zeiten kommen werden. Denn die Menschen werden viel von sich halten, geldgierig sein, prahlerisch, hochmütig, Lästerer, den Eltern ungehorsam, undankbar, gottlos, lieblos, unversöhnlich, verleumderisch, zuchtlos, wild, dem Guten Feind, Verräter, unbedacht, aufgeblasen.« *2. Timotheus 3, 1-4*

Die aufgeführten Verse beschreiben treffend den Zustand vieler Gesellschaften in unserer Welt. Die Menschen von heute haben zunehmend weniger moralische und ethische Grenzen. Der Umgang miteinander wird härter – das Geld regiert uns immer mehr und drängt die sozialen Aspekte immer weiter in den Hintergrund. Der Mensch möchte zunehmend selber als Gott fungieren. Alles ist machbar – wie schon beim Turmbau zu Babel. Seien es die Gentechnik, die Aktive Sterbehilfe, die Gleichstellung homosexueller Lebensgemeinschaften oder die leider schon normale Abtreibung. Die Menschheit wird zunehmend gesetzloser und unabhängiger von Gottes Wertmaßstäben. Unsere Gesellschaft baut auf Leistung auf. Die Solidarität der Menschen untereinander geht zurück. Die Gesetzlosigkeit nimmt zu und die Liebe erkaltet zusehends in vielen Menschen. Ulrich Wickert hat vor einigen Jahren ein Buch mit dem Titel »Der Ehrliche ist der Dumme« geschrieben. Der Titel spiegelt meiner Ansicht nach die derzeitige gesellschaftliche Entwicklung wider. Derjenige, der versucht nach den Gesetzen zu leben, ist oftmals der Dumme. Durch Steuerhinterziehung, Versicherungsbetrug und Schwarzarbeit entgehen dem Staat heute Milliarden und die Versicherungsgebühren sind unnötig hoch. In der heutigen Zeit verschwinden immer häufiger die ethischen Leitlinien. Die gesamte Menschheit entfernt sich mit großen Schritten immer weiter von Gottes Geboten. »Lasst uns Menschen machen«, gilt als Motto bei einigen Wissenschaftlern. Dies wäre noch vor 20 Jahren ethisch undenkbar gewesen. Da wäre in den Ländern der westlichen Welt ein Aufschrei der Entrüstung zu hören gewesen. Heute rücken die vermeintlichen gesundheitlichen, sozialen und wirtschaftlichen Vorteile immer mehr in den Vordergrund – die ethischen Grenzen werden angezweifelt. Es ist abzusehen, dass in den nächsten Jahren der allgemeine Konsens dahin geht, dass das Klonen von Menschen und das Forschen an Embryonen als normal angesehen wird. Nachfolgend sind einige Artikel wiedergegeben, die den derzeitigen Zustand beschreiben.

»Klon-Experiment löst Entsetzen aus

Forscher: Auf embryonale Zellen verzichten

Entsetzen und breite Ablehnung spiegeln die Reaktionen auf das in den USA gelungene Klon-Experiment an einem menschlichen Embryo. Die Bundesregierung und die Bundesärztekammer verurteilen das Experiment. NRW-Ministerpräsident Clement sagt, therapeutisches Klonen sei aus ethischer Sicht nicht zu verantworten. Ex-Forschungsminister Rüttgers (CDU) hält die Versuche für menschenverachtend. Bundesbildungsministerin Bulmahn (SPD) kritisiert die USA, da dort private Forschung kaum eingeschränkt werde. US-Forscher hatten einer entkernten Eizelle eine Hautzelle injiziert (Dolly-Verfahren). Es bildete sich ein geklonter Embryo. Daraus könnten später Stammzellen gewonnen werden. In einem zweiten Versuch wurden menschliche Eizellen zur Teilung ohne Befruchtung angeregt. Das war nur eine Frage der Zeit, so der Essener Stammzellenforscher Prof. Denker ...«

(Quelle: WAZ 27.11.2001)

»Alle Embryonen starben zu früh

Erfolg des US-Experiments umstritten

Die Spezialisten der amerikanischen Firma ACT sprechen ungern von geklonten Embryos und niemals von geklonten Menschen. Was sie im Labor hergestellt haben, nennen sie in kühler Wissenschaftlichkeit aktivierte Eier.

Doch das ändert an der Sache nichts: Nach eigenen Angaben ist es den Forschern des in Massachusetts ansässigen Biotech-Unternehmens Advanced Cell Technologies erstmals gelungen, menschliche Embryos zu klonen. ...

Das Unternehmen hatte am Wochenende die Ergebnisse einer Versuchsreihe veröffentlicht, bei der 39 Eizellen junger Frauen für Klon-Experimente benutzt worden waren. Die Firma hatte per Zeitungsanzeigen Frauen gesucht, die für 3.000 bis 5.000 Dollar bereit waren, Eizellen zu spenden. Mit zwei Methoden wurde versucht, daraus menschliche Embryos zu gewinnen. ...

Nach Angaben des Unternehmens ist es mit beiden Methoden gelungen, menschliche Embryos zu züchten, allerdings nur bis zum Stadium von sechs bis acht Zellen ...«

(Quelle: WAZ 27.11.2001)

»Proteste gegen neue Klon-Pläne

Gesetzeslücke lockt italienischen Gynäkologen Antinori nach England

Das Klon-Schaf Dolly bekommt vielleicht bald Gesellschaft. Severino Antinori, ein umstrittener Mediziner aus Italien, will in Großbritannien das erste Zentrum für das Klonen von Menschen eröffnen. Ausgelöst wurden die Pläne durch eine Entscheidung eines britischen Richters, der eine Lücke in der aktuellen Gesetzgebung aufgedeckt hatte. Danach ist die Züchtung eines Menschen aus einer Stammzelle in Großbritannien zur Zeit nicht verboten. Begleitet von heftigen Protesten zeigte sich Professor Antinori bereit, dieses unerwartete gesetzliche Schlupfloch umgehend für seine Zwecke zu nutzen ...«

(Quelle: WAZ 17.11.2001)

Auch in Deutschland sind bereits die Weichen für die Forschung an embryonalen Stammzellen gestellt. Nachdem der Nationale Ethikrat sich für einen Import solcher Zellen ausgesprochen hatte, hat der Bundestag sich mit Mehrheit diesem Votum angeschlossen. Diese Entscheidung hat die Tür auch in unserem Land zu einer weitergehenden Forschung am ungeborenen Leben geöffnet.

»Ethikrat für Import embryonaler Stammzellen

Gremium: Einfuhr unter strengen Auflagen und auf drei Jahre befristet

Der Nationale Ethikrat befürwortet mehrheitlich einen auf drei Jahre befristeten Import menschlicher embryonaler Stammzellen zu Forschungszwecken. Dabei müssten allerdings strengste Auflagen eingehalten und sichergestellt werden, dass weder in öffentlich geförderten Forschungsinstituten noch in den Labors der Privatwirtschaft Missbrauch getrieben wird. Das sagte der Vorsitzende des Gremiums, Spiros Simitis, am Donnerstag nach einer Sitzung des Ethikrates in Berlin. Nach Angaben von Simitis stimmten 14 der 25 Mitglieder des Ethikrates für diese Regelung, die deutschen Wissenschaftlern in der Medizin und in der Grundlagenforschung den Anschluss an die internationale Entwicklung sichern soll ...«

(Quelle: zdf.de 29.11.2001)

Weiterhin zeigt der Umgang mit Menschen am Ende ihres Lebens, dass Gottes Wertmaßstäbe immer mehr außer Acht gelassen werden. In vielen Ländern ist die Diskussion darüber entbrannt, ob man Menschen aktiv töten darf oder nicht. In Europa ist Holland das Land, welches in dieser Frage die negative Vorreiterrolle spielt.

»2123-mal Sterbehilfe in den Niederlanden

Niederländische Ärzte haben im Jahr 2000 insgesamt 2123 Fälle von Sterbehilfe und Hilfe bei Selbstmord gemeldet. Dies waren 93 Fälle weniger als 1999, so die Überwachungskommissionen. In der überwiegenden Zahl der Fälle habe es sich um Krebserkrankungen gehandelt.«

(Quelle: WAZ 30.05.2001)

»Hollands Gesetzgebung sorgt für Aufsehen

Niederländer verstehen die Aufregung nicht

... Rund 3.500 Menschen nehmen in den Niederlanden jährlich Sterbehilfe in Anspruch. Die Regierung erklärte, in anderen Ländern sei die Zahl genauso hoch, werde aber verschwiegen. Das neue Gesetz, das im April verabschiedet wurde, legt die Bedingungen genau fest, unter denen Ärzte Sterbehilfe leisten dürfen ...«

(Quelle: WAZ 06.06.2001)

In Holland ist die aktive Sterbehilfe schon gesetzlich legalisiert. In Deutschland und anderen Ländern sind wir noch nicht so weit, aber die gesellschaftliche Meinung scheint sich in dieser Frage immer mehr der holländischen Handhabe anzugleichen. Für jede öffentliche Stimme, die sich gegen die Aktive Sterbehilfe wendet, darf man heute dankbar sein.

»Kirchen warnen vor aktiver Sterbehilfe

Die beiden großen Kirchen haben aktive Sterbehilfe erneut strikt abgelehnt. Es gibt einen ethischen Unterschied, ob lebenserhaltende Maßnahmen unterlassen werden oder ob aktive Sterbehilfe geleistet wird, sagte Kardinal Lehmann zum Auftakt der Woche für das Leben.«

(Quelle: WAZ 21.05.2001)

Ein Thema, zu dem in der Öffentlichkeit kaum noch kritische Stimmen zu hören sind, ist die Frage der Gleichstellung homosexueller Partnerschaften mit der Ehe. Wenn man die »vermeintliche öffentliche Meinung« betrachtet, kann man heute manchmal den Eindruck gewinnen, dass Menschen, die eine heterosexuelle Ehe führen, nicht mehr das Normale sind.

»Homosexuelle können sich jetzt ›trauen‹

Ab heute können homosexuelle Paare ihre Liebe beurkunden lassen. Möglich macht es das neue Lebenspartnerschaftsgesetz ...«

(Quelle: wdr.de 01.08.2001)

»Das ›Lebenspartnerschaftsgesetz‹

Was regelt es eigentlich?

Homosexuelle Paare sollen weder gesellschaftlich noch rechtlich diskriminiert werden! Das ist das Kernziel des Gesetzes zur ›Eingetragenen Lebenspartnerschaft‹. Was die gesellschaftliche Akzeptanz und Toleranz gegenüber ›anderen Lebensformen‹ angeht, kann der Gesetzgeber zwar nicht viel bewirken. Die rechtliche Gleichstellung homosexueller Lebenspartnerschaften hat er aber auf den Weg gebracht. Im Februar verabschiedete der Bundestag das ›Gesetz zur Beendigung der Diskriminierung gleichgeschlechtlicher Gemeinschaften: Lebenspartnerschaften‹.

Das Ziel: Gesellschaftliche Anerkennung

Die rot-grüne Bundesregierung hat sich beim Entwurf des Gesetzes zur Lebenspartnerschaft nach eigenen Angaben von folgenden Zielen leiten lassen: Abbau von Diskriminierung, Anerkennung anderer Lebensformen und Förderung stabiler Partnerschaften ...«

(Quelle: wdr.de 11.07.2001)

Gottes Wort bezieht zu diesem Thema eindeutig Stellung – es verurteilt gleichgeschlechtlichen Sexualverkehr als Sünde. Christen sollen hier allerdings nicht vorschnell den Stab über die Menschen brechen, die so leben. Gott sagt uns, dass wir diese Menschen genauso lieben sollen wie alle anderen auch – die Sünde aber hassen. Die christliche Gemeinde soll klar und deutlich sagen, dass gleichgeschlechtliche Liebe vor Gott ein Gräuel ist. Christen sollen aber die Menschen lieben und nicht mit dem Finger auf die Betroffenen zeigen, sondern ihnen Hilfestellung geben, damit sie Befreiung erfahren können.

Dieser aufgezeigte Zustand zeigt leider allzu deutlich, dass sich die Meinung vieler Menschen in unserer Gesellschaft weiter von den ethischen Maßstäben der Bibel entfernt hat.

Auch im Umgang mit dem ungeborenen Leben haben sich viele Menschen von Gottes Maßstäben gelöst. Sich heute gegen die Abtreibung zu stellen ist nicht so einfach. Man wird vielfach als intolerant, konservativ und ewig gestrig verschrien. Dass bei einer Abtreibung ein vollwertiger Mensch getötet wird, geht in manchen Diskussionen schlichtweg unter.

Die nachfolgenden Zahlen sollen einen Eindruck vermitteln, wie viele Menschen in den letzten Jahren jährlich in Deutschland im Mutterleib getötet wurden.

Schwangerschaftsabbrüche

Jahr	1996	1997	1998	1999	2000	2001
Anzahl	130.899	130.890	131.795	130.471	134.600	134.964

(Quelle: Statistisches Bundesamt 2003)

An dieser Stelle könnten eine Vielzahl weiterer Beispiele angeführt werden, in welchen Bereichen sich viele Menschen immer mehr von Gottes Ordnung entfernen. Die Menschheit wird zunehmend gottloser, liebloser und gesetzloser. Dass die ethischen Grenzen und Grundlagen verschwimmen – diese Entwicklung ist in der Geschichte am Ende nahezu einer jeden zivilisierten Gesellschaft zu beobachten gewesen. Der Unterschied zu unserer heutigen Zeit ist allerdings das Ausmaß, in welchem die ethischen Maßstäbe der Bibel missachtet werden.

15 Das Evangelium wird auf der ganzen Erde verkündigt werden

»Und es wird gepredigt werden dies Evangelium vom Reich in der ganzen Welt zum Zeugnis für alle Völker, und dann wird das Ende kommen.«

Matthäus 24, 14

»Und das Evangelium muss zuvor gepredigt werden unter allen Völkern.«

Markus 13, 10

Jesus sagt in seiner Endzeitrede, dass vor dem Ende der Welt das Evangelium in aller Welt verkündigt werden wird. Zum heutigen Zeitpunkt ist Gottes Wort noch nicht überall und in jeder Sprache verkündet worden. Weltweit gibt es ca. 6.500 verschiedene Sprachen. In 2.303 Sprachen sind Bibelteile, Testamente oder Bibeln vorhanden (Stand 07.02.2003). Das sind etwas mehr als ein Drittel aller Sprachen.

Die nachfolgende Übersicht zeigt die Anzahl an übersetzten Bibelteilen, Testamenten und Bibeln zum 07.02.2003.

Kontinent / Region	**Bibelteile**	**Testamente**	**Bibeln**	**Gesamt**
Afrika	207	289	151	**647**
Asien	218	229	126	**573**
Australien/Neuseeland/ Pazifische Inseln	165	207	34	**406**
Europa	110	33	61	**204**
Nordamerika	40	27	8	**75**
Karibische Inseln/Zentral-amerika/Mexiko/Südamerika	122	249	24	**395**
»Konstruierte« Sprachen	2	0	1	**3**
Gesamt	**864**	**1.034**	**405**	**2.303**

(Quelle: United Bible Societies 2003
http://www.biblesociety.org)

Die nachfolgende Grafik zeigt die Zunahme der Anzahl der Sprachen, in die Bibeln, Testamente und Bibelteile in den letzten 200 Jahren übersetzt wurden. In dieser Darstellung bedeuten »Testaments«, dass entweder das Alte oder Neue Testament in einer Sprache übersetzt ist. »Portions« bedeutet, dass in diese Sprache zumindest ein Buch der Bibel übersetzt ist.

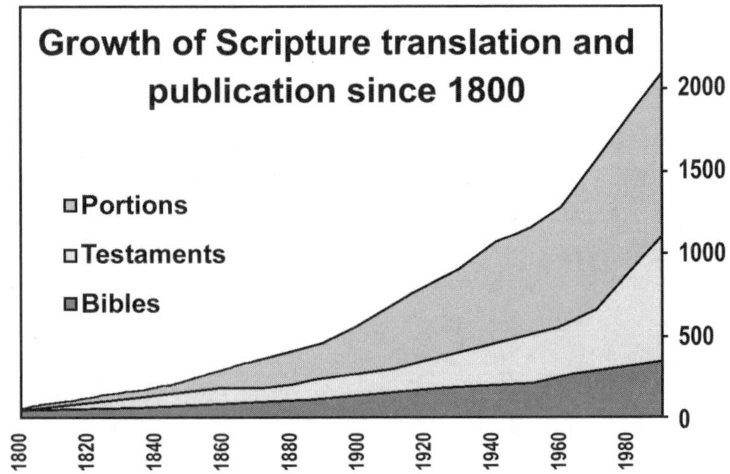

Sprachen, in die Bibeln, Testamente und Bibelteile übersetzt sind

Zu Anfang des 19. Jahrhunderts gab es Bibeln, Testamente und Bibelteile in nur 68 Sprachen. Heute gibt es Bibeln, Testamente und Bibelteile in nicht weniger als 2.303 Sprachen. Die gesamte Bibel ist in 405 Sprachen und das Neue Testament in 1.034 Sprachen übersetzt. Bibelteile sind in 864 Sprachen übersetzt. Die Grafik macht deutlich, dass in den letzten Jahren die Übersetzungen rapide zugenommen haben.

(Quelle: United Bible Societies 2003
http://www.biblesociety.org)

Seit dem Druck der ersten Bibel durch Johannes Gutenberg gibt es in über 2.000 Sprachen zumindest einen Bibelteil. Dies sind zwar weniger als die Hälfte aller weltweit gesprochenen Sprachen und Dialekte, aber diese Sprachen werden von mehr als 90 % der Weltbevölkerung gesprochen. Durch die Verbreitung von Radio, Fernsehen und dem Internet ist es heute zudem möglich, nahezu jeden Flecken der Erde sprachlich zu erreichen. Viele christliche Radio- und Fernsehsender arbeiten an der Erweiterung ihres Programms in verschiedenen Sprachen.

Vor noch 100 Jahren war es noch undenkbar, dass Gottes Wort in jedem Volk der Welt tatsächlich verkündigt würde. Heute ist es durchaus absehbar, dass in nicht allzu ferner Zukunft das Evangelium tatsächlich in der ganzen Welt verkündigt wird.

16 Ein neuer Tempel ist vorhanden

»Er wird aber vielen den Bund schwer machen eine Woche lang. Und in der Mitte der Woche wird er Schlachtopfer und Speisopfer abschaffen. Und im Heiligtum wird stehen ein Gräuelbild, das Verwüstung anrichtet, bis das Verderben, das beschlossen ist, sich über die Verwüstung ergießen wird.«
Daniel 9, 27

»Und seine Heere werden kommen und Heiligtum und Burg entweihen und das tägliche Opfer abschaffen und das Gräuelbild der Verwüstung aufstellen.«
Daniel 11, 31

»Wenn ihr nun sehen werdet das Gräuelbild der Verwüstung stehen an der heiligen Stätte, wovon gesagt ist durch den Propheten Daniel – wer das liest, der merke auf!« *Matthäus 24, 15*

»Wenn ihr aber sehen werdet das Gräuelbild der Verwüstung stehen, wo es nicht soll – wer es liest, der merke auf!« *Markus 13, 14*

»Lasst euch von niemandem verführen, in keinerlei Weise; denn zuvor muss der Abfall kommen und der Mensch der Bosheit offenbart werden, der Sohn des Verderbens. Er ist der Widersacher, der sich erhebt über alles, was Gott oder Gottesdienst heißt, sodass er sich in den Tempel Gottes setzt und vorgibt, er sei Gott.« *2. Thessalonicher 2, 3+4*

In den aufgeführten Voraussagen ist von einem Gegenspieler Gottes die Rede. Dieser Mensch wird sich als Gott verehren lassen und sich in den Tempel Gottes in Jerusalem setzen. Die in den Versen verwendeten Begriffe »Heiligtum« und »heilige Stätte« nehmen eindeutig Bezug auf den Tempel in Jerusalem. Er wird dort ein »Gräuelbild der Verwüstung« aufstellen lassen. Unter Theologen ist man sich nicht ganz einig, um was es sich bei diesem »Gräuelbild der Verwüstung« genau handelt. Ich persönlich schließe mich der Ansicht derer an, die davon ausgehen, dass in dem Tempel ein Abbild des Antichristen aufgestellt und dieses von den Menschen angebetet werden wird. In den Ausführungen geht es mir allerdings nicht um dieses »Gräuelbild der Verwüstung« oder um den so genannten Antichristen. Mir geht es um Folgendes: Derzeit gibt es keinen Tempel. Der Tempel wurde 70 n. Chr. zerstört. Wenn dieser Mensch auf der Weltbühne erscheint, muss der Tempel allerdings wieder vorhanden sein. Der Tempel Gottes stand in Jerusalem – genau an der Stelle, wo heute der Felsendom und die Al-Aksa-Moschee stehen. Heute sind vom Tempel nur noch Überreste erhalten; u. a. die so genannte Klagemauer. Sie ist der Rest einer gewaltigen Umfassungsmauer, die Herodes der Große (37-4 v. Chr.) errichten ließ, um dem Neubau des Tempels das nötige Stützfundament zu geben. König Salomo errichtete um 962-955 v. Chr. den ersten Tempel. Diesen berühmten salomonischen Tempel zerstörte 587 v. Chr. der babylonische König Nebukadnezar. Nach der babylonischen Gefangenschaft wurde der Tempel in bescheidenen Maßen wieder errichtet. Um das Jahr 20 v. Chr. begann König Herodes der Große mit einem völligen Um- und Neubau des Tempels. 70 n. Chr. zerstörten die Römer Jerusalem und den Tempel. Um 640 n. Chr. – also über 1.600 Jahre nach dem ersten salomonischen Tempel und mehr als 600 Jahre nach der Zerstörung des herodianischen Tempels – bauten die neuen moslemischen Herrscher den Felsendom, der im Laufe der Geschichte nach Mekka und Medina zum drittwichtigsten Heiligtum des Islam wurde. Der Felsendom ist keine Moschee, sondern ein Dom über dem Felsen, auf dem nach jüdischer Überlieferung Abraham seinen Sohn Isaak hätte opfern sollen, was aber nicht geschah, da Gott ja nur den Glaubensgehorsam testen wollte.

Innerhalb des orthodoxen Judentums gibt es heute Bestrebungen, den 3. Tempel bald zu errichten. In der jüdischen Altstadt von Jerusalem können Besucher im so genannten Tempelinstitut die Gerätschaften für den zukünftigen Tempel schon besichtigen. Priester werden für ihren zukünftigen Dienst ausgebildet, der Eckstein für den Tempel ist bereits gefertigt worden. Sie opfern am Yom-Kippur-Tag südlich des Tempelberges mit der Begründung, dass auch David bereits vor Errichtung des Tempels sein Opfer dargebracht hätte. Eine wachsende Gruppe von Juden möchte den Tempel lieber heute als morgen bauen. Da Jerusalem stark erdbebengefährdet ist, hoffen fromme Juden, dass bald ein Erdbeben den Weg für den Neubau auf dem Tempelberg ebnet. Einige ganz Radikale würden es begrüßen, wenn der Felsendom in die Luft gesprengt werden würde. Diese z. T. fanatischen Gruppen machen den israelischen Behörden große Sorgen, denn man stelle sich vor, was passieren würde, wenn der erste Stein für den Bau des dritten Tempels gesetzt werden würde: Es wäre ein weltweiter Konflikt zu erwarten, denn die meisten Moslems der Welt würden ein solches jüdisches Bauvorhaben – auch mit Waffengewalt – verhindern wollen.

Im Juli 2001 wurde in allen Medien darüber berichtet, dass orthodoxe Juden symbolisch den Grundstein für den 3. Tempel gelegt haben.

»Israels Polizei stürmt Tempelberg

40 Verletzte bei schweren Unruhen in Jerusalem / Jüdische Extremisten legen Grundstein für neuen Tempel

Nach einer symbolischen Grundsteinlegung ultraorthodoxer Juden für einen neuen Tempel ist es in der Jerusalemer Altstadt zu schweren Ausschreitungen gekommen. Die israelische Polizei stürmte den Tempelberg, nachdem Palästinenser an der Klagemauer betende Juden mit Steinen beworfen hatten. Mindestens 40 Menschen wurden verletzt. Tausende Gläubige mussten evakuiert werden. Auch in den Autonomiegebieten wurden mehrere Menschen bei Zusammenstößen zwischen der israelischen Armee und militanten Palästinensern verletzt. Am Tempelberg setzte die Polizei eigenen Angaben zufolge Tränengas und Blendgranaten ein, um die palästinensischen Demonstranten auseinander zu treiben. Die Steine werfenden Palästinenser demonstrierten gegen die symbolische Grundsteinlegung der Gruppe ›Gläubige vom Tempelberg‹ für einen neuen jüdischen Tempel außerhalb der Stadttore der historischen Altstadt. Der so genannte Grundstein, ein tonnenschwerer Quader, wurde von einem Kranwagen ab- und nach nicht einmal fünf Minuten wieder aufgeladen und an seinen Standort im arabischen Ostteil der Stadt zurückgebracht. Die kurze Zeremonie war unter verschärften Sicherheitsvorkehrungen friedlich verlaufen. Die arabische Welt hatte Israel vor der Grundsteinlegung gewarnt. Damit führe Israel die ganze Region in einen ›Konflikt‹, dessen Folgen es vielleicht nicht kontrollieren könne, warnte am Samstag die Sprecherin der Arabischen Liga, Hanan Aschrawi. Die radikalislamische Hamas rief die Palästinenser auf, den Tempelberg mit dem Felsendom und der El-Aksa-Moschee ›bis aufs Blut‹ zu verteidigen. Das Oberste Gericht Israels hatte am Mittwoch den ›Gläubigen vom Tempelberg‹ die

Grundsteinlegung erlaubt. Allerdings wurde ihnen untersagt, die Zeremonie direkt auf dem Tempelberg abzuhalten, wo bis zum Jahr 70 nach Christus der zweite jüdische Tempel stand und heute noch die Klagemauer steht. Am Besuch des heutigen israelischen Ministerpräsidenten und damaligen Oppositionsführers Ariel Scharon auf dem Tempelberg hatte sich im September vergangenen Jahres der neue Palästinenseraufstand entzündet. Bei der so genannten El-Aksa-Intifada wurden bislang mehr als 660 Menschen getötet. Die meisten waren Palästinenser. Der Tempelberg ist das drittwichtigste Heiligtum des Islam ...«

(Quelle: Tagespiegel 30.07.2001
http://www2.tagesspiegel.de/archiv/2001/07/29/ak-po-au-4414298.html)

Die Wiedererrichtung des Tempels steht noch bevor. Es kann keiner sagen, wann dies geschehen wird. Es lassen sich allerdings starke Bestrebungen im Judentum erkennen, diesen Tempel mit aller Macht wieder zu errichten. Die Bibel sagt es uns voraus, dass dies geschehen wird. Wenn der prophezeite Antichrist die Weltbühne betreten wird, wird er den jüdischen Tempel dann für sich missbrauchen.

17 Ein Mensch, Land oder Machtgebilde hat Macht über alle Nationen

»Er wird aber vielen den Bund schwer machen eine Woche lang. Und in der Mitte der Woche wird er Schlachtopfer und Speisopfer abschaffen. Und im Heiligtum wird stehen ein Gräuelbild, das Verwüstung anrichtet, bis das Verderben, das beschlossen ist, sich über die Verwüstung ergießen wird.«

Daniel 9, 27

»Was nun das Kommen unseres Herrn Jesus Christus angeht und unsre Vereinigung mit ihm, so bitten wir euch, liebe Brüder, dass ihr euch in eurem Sinn nicht so schnell wankend machen noch erschrecken lasst – weder durch eine Weissagung noch durch ein Wort oder einen Brief, die von uns sein sollen – als sei der Tag des Herrn schon da. Lasst euch von niemandem verführen, in keinerlei Weise; denn zuvor muss der Abfall kommen und der Mensch der Bosheit offenbart werden, der Sohn des Verderbens. Er ist der Widersacher, der sich erhebt über alles, was Gott oder Gottesdienst heißt, sodass er sich in den Tempel Gottes setzt und vorgibt, er sei Gott. Erinnert ihr euch nicht daran, dass ich euch dies sagte, als ich noch bei euch war? Und ihr wisst, was ihn noch aufhält, bis er offenbart wird zu seiner Zeit. Denn es regt sich schon das Geheimnis der Bosheit; nur muss der, der es jetzt noch aufhält, weggetan werden, und dann wird der Böse offenbart werden. Ihn wird der Herr Jesus umbringen mit dem Hauch seines Mundes und wird ihm ein Ende machen durch seine Erscheinung, wenn er kommt. Der Böse aber wird in der Macht des Satans autreten mit großer Kraft und lügenhaften Zeichen und Wundern und mit jeglicher Verführung zur Ungerechtigkeit bei denen, die verloren werden, weil sie die Liebe zur Wahrheit nicht angenommen haben, dass sie gerettet würden. Darum sendet ihnen Gott die Macht der Verführung, so dass sie der Lüge glauben, damit gerichtet werden alle, die der Wahrheit nicht glaubten, sondern Lust hatten an der Ungerechtigkeit.«

2. Thessalonicher 2, 1-12

»Und ich sah ein Tier aus dem Meer steigen, das hatte zehn Hörner und sieben Häupter und auf seinen Hörnern zehn Kronen und auf seinen Häuptern lästerliche Namen. Und das Tier, das ich sah, war gleich einem Panther und seine Füße wie Bärenfüße und sein Rachen wie ein Löwenrachen. Und der Drache gab ihm seine Kraft und seinen Thron und große Macht. Und ich sah eines seiner Häupter, als wäre es tödlich verwundet, und seine tödliche Wunde wurde heil. Und die ganze Erde wunderte sich über das Tier, und sie beteten den Drachen an, weil er dem Tier die Macht gab, und beteten das Tier an und sprachen: Wer ist dem Tier gleich und wer kann mit ihm kämpfen? Und es wurde ihm ein Maul gegeben, zu reden große Dinge und Lästerungen, und ihm wurde Macht gegeben, es zu tun zweiundvierzig Monate lang. Und es tat sein Maul auf zur Lästerung gegen Gott, zu lästern seinen Namen und sein Haus und die im Himmel wohnen. Und ihm wurde Macht gegeben, zu kämpfen mit den Heiligen und sie zu überwinden; und ihm wurde Macht gegeben über alle Stämme und Völker und Sprachen und Nationen. Und alle, die auf Erden wohnen, beten es an, deren Namen nicht vom Anfang der Welt an geschrieben stehen in dem Lebensbuch des Lammes, das geschlachtet ist. Hat jemand Ohren, der höre! Wenn jemand ins Gefängnis soll, dann wird er ins Gefängnis kommen; wenn jemand mit dem Schwert getötet werden soll, dann wird er mit dem Schwert getötet werden. Hier ist Geduld und Glaube der Heiligen! Und ich sah ein zweites Tier aufsteigen aus der Erde; das hatte zwei Hörner wie ein Lamm und redete wie ein Drache. Und es übt alle Macht des ersten Tieres aus vor seinen Augen, und es macht, dass die Erde und die darauf wohnen, das erste Tier anbeten, dessen tödliche Wunde heil geworden war. Und es tut große Zeichen, sodass es auch Feuer vom Himmel auf die Erde fallen lässt vor den Augen der Menschen; und es verführt, die auf Erden wohnen, durch die Zeichen, die zu tun vor den Augen des Tieres ihm Macht gegeben ist; und sagt denen, die auf Erden wohnen, dass sie ein Bild machen sollen dem Tier, das die Wunde vom Schwert hatte und lebendig geworden war. Und es wurde ihm Macht gegeben, Geist zu verleihen dem Bild des Tieres, damit das Bild des Tieres reden und machen könne, dass alle, die das Bild des Tieres nicht anbeteten, getötet würden. Und es macht, dass sie allesamt, die Kleinen und Großen, die Reichen und Armen, die Freien und Sklaven, sich ein Zeichen machen an ihre rechte Hand oder an ihre Stirn, und dass niemand kaufen oder verkaufen kann, wenn er nicht das Zeichen hat, nämlich den Namen des Tieres oder die Zahl seines Namens. Hier ist Weisheit! Wer Verstand hat, der

überlege die Zahl des Tieres; denn es ist die Zahl eines Menschen, und seine Zahl ist sechshundertundsechsundsechzig.« *Offenbarung 13, 1-18*

»Und ein dritter Engel folgte ihnen und sprach mit großer Stimme: Wenn jemand das Tier anbetet und sein Bild und nimmt das Zeichen an seine Stirn oder an seine Hand ...« *Offenbarung 14, 9*

In den vorangegangenen Versen spricht die Bibel von zwei Tieren und einem Gegenspieler Gottes, dem so genannten Antichristen. Diese werden auf der Erde auftreten, bevor Jesus Christus auf die Erde wiederkommt, und große Macht ausüben. Sie werden die Christen verfolgen und sich ganz gegen Gott stellen. Durch die Jahrhunderte hindurch haben sich Christen viele Gedanken darüber gemacht, wer dieser Antichrist und die beiden Tiere sein werden, von denen die Bibel berichtet. An dieser Stelle sei auch kritisch erwähnt, dass gerade über diese biblischen Prophezeiungen sehr viel spekuliert wurde. Ich möchte mich daher nicht an Spekulationen beteiligen, aus welchem Land z. B. der Antichrist kommen wird, oder andere spekulative Fragestellungen dazu behandeln.

Was mir viel wichtiger erscheint ist die Vorhersage, dass diese Tiere und der Antichrist alle Nationen beherrschen werden. Sie werden Macht ausüben über alle Völker. Die Weltwirtschaft wird von ihnen kontrolliert werden. Ihre Macht wird so weit gehen, dass kein Mensch mehr ohne ihren Willen etwas kaufen oder verkaufen kann. Diese Voraussagen gehen unzweifelhaft aus den biblischen Berichten hervor.

Wie kann das möglich sein? Aus der Geschichte wissen wir, dass noch niemand in der Weltgeschichte Macht über die ganze Erde ausgeübt hat. Dies ist zu keiner Zeit einem einzigen Menschen oder einem Machtgebilde möglich gewesen.

Ich will anhand einiger Bereiche nun aufzeigen, dass es heutzutage in den verschiedensten Ebenen unserer Welt große Bestrebungen zur Vereinheitlichung und zur Machtkonzentration gibt. Diese Bestrebungen haben die unterschiedlichsten Motivationen.

Einige Beispiel seien hier genannt.

Firmen schließen sich zu weltweiten Konzernen zusammen, um für den globalen Wettbewerb besser gerüstet zu sein.

Im Europa der EU wurde der Euro eingeführt, um im weltweiten wirtschaftlichen Wettbewerb der Kontinente einen vergleichbaren Gegenpol zum Dollar bieten zu können.

»Euro-Idee zündet wie ein Feuerwerk

Die Euro-Ära hat mit einem Ansturm der Kunden auf das neue Geld begonnen. Die in einigen Ruhrgebietsstädten geöffneten Sparkassen waren regelrecht belagert und verlängerten teilweise ihre Schalterzeiten. Die größte Währungsumstellung aller Zeiten begann in der Neujahrsnacht mit der Ausgabe der Euro-Noten in 12 Ländern zwischen Lappland und Sizilien. 306 Millionen Menschen zahlen jetzt mit dem gleichen Geld. Politiker und Banker lobten die neue Währung. Sie werde die Konjunktur beflügeln, sagten Finanzminister Eichel und Eurobanker Duisenberg übereinstimmend ...«

(Quelle: WAZ 02.01.2002)

Auch in Asien wird jetzt offen über die Einführung einer gemeinsamen Währung diskutiert, um gegenüber den USA und Europa wirtschaftlich nicht ins Hintertreffen zu geraten.

Die EU wird zum Osten hin erweitert, um Europa politisch und wirtschaftlich zukünftig stabiler zu halten.

Die Forderungen, der UNO mehr Befugnisse zu übertragen, werden immer lauter. Diese Forderungen haben durch die Ereignisse des 11. Septembers 2001 und den Krieg der USA und einiger Verbündeter gegen den Irak neue Nahrung erhalten.

Der weltweite konziliare Prozess schreitet voran. Religionen nähern sich gegenseitig an. Man sucht das Verbindende untereinander und gibt dafür auch Wahrheiten auf.

Vielen Menschen macht die fortschreitende Globalisierung solche Angst, so dass sich mittlerweile sogar eine organisierte weltweite Bewegung der Globalisierungsgegner gebildet hat.

Heute können wir noch kein Machtgebilde erkennen, welches die Kontrolle über alle Nationen ausübt. Wenn in der Zukunft allerdings auf allen gesellschaftlichen Ebenen die Macht nur noch in wenigen Händen liegt, ist es durchaus vorstellbar, dass der einmal auftretende Antichrist dann in der Lage sein wird, diese Macht dann zu bündeln.

Warum kann man in vielen Bereichen eine weltweite Konzentration beobachten? Eine Hauptantwort dafür ist, dass die heutigen Probleme der Welt objektiv betrachtet nur global zu lösen sind. Denken wir an

- den Hunger in der Welt,
- die weltweite Armut,
- die Vernetzung der Weltwirtschaft,
- die fortschreitende globale Umweltzerstörung,
- die zukünftige Verteilung der Energieressourcen und des Wassers,
- die Kriege
- oder der Kampf gegen den Terrorismus.

Es macht Sinn, dass die Nationen zusammenarbeiten. Ein Land alleine kann keine globalen Probleme lösen. Wenn so viele Länder sich allerdings auf etwas einigen müssen, ist dies ein komplizierter Prozess. Als Beispiel sei hier das internationale Ringen um das Kyoto-Protokoll erwähnt.

»Das Kyoto-Protokoll

Die Industriestaaten haben sich 1997 auf der UNO-Klimakonferenz im japanischen Kyoto in einem Protokoll zur Reduzierung wichtiger Treibhausgase verpflichtet. Danach soll der Ausstoß von sechs dieser Gase im Durchschnitt der Jahre 2008 bis 2012 um 5,2 Prozent im Vergleich zu 1990 gesenkt werden. Das Abkommen soll eigentlich 2002 in Kraft treten. Dies geht aber nur, wenn es von mindestens 55 der 160 Teilnehmerstaaten von Kyoto ratifiziert ist, auf die zusammen 55 Prozent aller Industriestaaten-Emissionen entfallen …«

(Quelle: Spiegel-Online 14.06.2001
http://www.spiegel.de/politik/ausland/0,1518,139543,00.html)

Dieses Beispiel des Klimaschutzes zeigt deutlich, dass es in einem demokratischen Prozess unheimlich schwer ist, alle wichtigen Länder unter einen Hut zu bekommen. Und immerhin geht der Klimaschutz jedes Land an!

Um die aufgeführten weltweiten Probleme effektiv in den Griff bekommen zu können, müssten den entscheidenden Gremien (UNO, EU, NATO, u. a.) mehr Kompetenzen eingeräumt werden. Die Vorstellung, dass es einmal eine Weltregierung geben wird, die solche Kompetenzen besitzt, erscheint mir persönlich nicht weithergeholt. Mit solch einer zentralen Regierung wäre es effektiver möglich, die Welt durch die bestehenden und auf uns zukommenden Probleme zu lotsen, als mit den bisherigen Strukturen.

Heute steht die große Mehrheit der Menschheit so einem Gedanken wahrscheinlich kritisch gegenüber. Was wird aber in 20 Jahren sein, wenn die Probleme nicht kleiner, sondern größer geworden sind? Wenn es enger wird mit der Energie, der Nahrung, dem Wasser – wenn die Welt durch vermehrten Terrorismus und Fanatismus aus den Fugen zu geraten droht? Wir haben durch die Anschläge in den USA gemerkt, wie schnell sich weltweit Meinungen ändern können. Dort sind »nur« (der Leser verzeihe mir die Wahl des Wortes »nur«) zwei Hochhäuser eingestürzt – was geschieht, wenn viel mehr passiert?

Ich halte die Vorstellung einer zukünftigen weltweiten Regierung daher durchaus für möglich.

Wie schon erwähnt, geht die Bibel davon aus, dass diese auftretenden Herrscher die Welt kontrollieren werden. Wie ist es denkbar, dass ein solches Machtgebilde Kontrolle über jeden Menschen ausüben kann? Ist das unmöglich oder vielleicht doch denkbar?!

Es sind schon heute alle technischen Möglichkeiten vorhanden, um die Menschen global zu überwachen.

Ich nenne an dieser Stelle ein paar Stichworte:

- Internet
- Handy
- Leistungsstarke Computer und Datenbanken
- Satelliten/GPS-Technik
- Weltweites Abhören von Telefongesprächen und Kontrolle von E-Mails

Technisch ist es also durchaus machbar, dass man jeden Menschen weltweit punktgenau ortet und alle seine persönlichen Daten in leistungsstarken Datenbanken speichert. Wenn diese Möglichkeiten in falsche Hände geraten, ist die totale Überwachung der Menschheit durchaus möglich und nicht nur Fiktion wie in Orwells Roman »1984«.

Nachfolgend zeige ich anhand verschiedener Beispiele auf, wie die Konzentration der Macht, die Vereinheitlichung auf verschiedenen Ebenen und die

Änderung von gesetzlichen Grundlagen weltweit voranschreitet.

Dabei ist es nahezu unbedeutend, wie aktuell die aufgeführten Beispiele sind. Ich will »nur« die eingeschlagene Richtung dokumentieren.

17.1 Zusammenarbeit auf militärischer und polizeilicher Ebene

Durch die Anschläge auf das World Trade Center und das Pentagon sind die Stimmen lauter geworden, die eine vermehrte weltweite Zusammenarbeit auf militärischer und polizeilicher Ebene fordern.

»Wir müssen uns gegen die Geißel des Terrorismus wehren

Die verheerenden Anschläge in Amerika lösten in Brüssel Entsetzen und Fassungslosigkeit aus. NATO-Generalsekretär Robertson verurteilte die Selbstmordattentate aufs Schärfste: Die barbarischen Anschläge auf die Demokratie zeigen einmal mehr, dass wir dringend eine internationale Gemeinschaft brauchen, die sich mit vereinten Kräften gegen die Geißel des Terrorismus wehrt ...«

(Quelle: WAZ: 12.09.2001)

»Gegen Waffen aus Pappe und religiösen Wahn helfen weder Panzer noch Raketen

Nach dem Kalten Krieg muss die NATO neue Strategien finden

... Denkbar wird nun, dass sich die NATO in Teilen neu verstehen muss, mehr als Schutzpakt denn als Verteidigungsallianz. Geht man davon aus, dass Verteidigung gegen eine Bedrohung ohne Gesicht und ohne Ort kaum möglich ist, könnten die zu entwickelnden Strategien der NATO sich zum Beispiel auf die Sicherung aller vorstellbaren Transportmittel des Terrors konzentrieren. Vor allem denken Strategen darüber nach, das Bündnis zu erweitern – zum Beispiel um all jene Organisationen, die gegen Mord und Terror arbeiten. In einer Art weltweitem Sicherheitsnetz müssten Daten sinnvoll ausgetauscht und Strategien schnell abgestimmt werden können. Nicht nur die NATO steht schlecht gerüstet vor einer neuen Weltunordnung.«

(Quelle: WAZ: 14.09.2001)

»Im Kampf gegen den Terror machen die Minister Dampf

Auf einmal geht vieles sehr schnell im Kampf gegen den Terrorismus. Gestern legte die EU-Kommission Vorschläge für einen europaweit geltenden Haftbefehl und vereinheitlichte Strafgesetze vor. Bereits heute wollen die Innen- und Justizminister der Länder 37 Maßnahmen beschließen, Europol mit einer Anti-Terror-Einheit auszustatten. ›Endlich mal keine Absichtserklärungen, sondern konkrete Schritte‹, kommentierte ein EU-Diplomat ...

›Internationale Terroristen profitieren von den Schlupflöchern in der Gesetzgebung, die den Spielraum der Ermittler auf das eigene Land beschränkt‹, sagte EU-Justizkommissar Antonio Vitorino gestern. Das will er ändern und zwar zügig ...

Frühestens 2004 könnten EU-Haftbefehle ausgestellt werden. Sofort wirksam werden sollen jene 37 Maßnahmen, die der Rat der Innen- und Justizminister heute beschließen will. Das Herzstück sehen die Minister in der Stärkung von Europol. Dort soll eine international besetzte Anti-Terror-Einheit aufgebaut werden. Alle Länder sollen ihre Erkenntnisse sofort an Europol weiterleiten ...«

(Quelle: WAZ 20.09.2001)

Diese 3 Artikel zeigen deutlich, dass die Bereitschaft vorhanden ist, auf dem Gebiet der Sicherheit europa- und weltweit enger zusammenzuarbeiten. Durch den Anschlag in den USA haben diese Bestrebungen großen Auftrieb erhalten.

17.2 Verschärfung der Gesetzgebung – Aufweichung des Datenschutzes – Vernetzung von Daten

Als weitere Auswirkung der Anschläge vom 11. September 2001 wurde in vielen Ländern die Sicherheitsgesetzgebung drastisch verschärft. Den Behörden wurden in Sicherheitsfragen weit reichende gesetzliche Möglichkeiten eingeräumt und der Datenschutz wurde gerade auch in Deutschland aufgeweicht. Ohne die schrecklichen Anschläge hätten die Gesetze niemals verschärft werden können.

Mit den nachfolgend aufgeführten Artikeln wird exemplarisch aufgezeigt, in welchen Bereichen sich die Gesetzgebung verschärft hat, wie der Datenschutz aufgeweicht wird und die Daten immer mehr vernetzt werden.

»Zweites Anti-Terror-Paket in Kraft getreten

Zum 1. Januar 2002 sind eine Reihe neuer Regelungen in Kraft getreten, die die Arbeit der Sicherheitsbehörden im Kampf gegen den internationalen Terrorismus verbessern und unterstützen ...

Zahlreiche Sicherheitsgesetze werden der neuen Bedrohungslage angepasst. Das Bundesverfassungsschutzgesetz, das MAD-Gesetz, das BND-Gesetz, das Bundesgrenzschutzgesetz, das Bundeskriminalamtsgesetz sowie das Ausländergesetz und andere ausländerrechtliche Vorschriften werden geändert, um den Sicherheitsbehörden die nötigen gesetzlichen Kompetenzen zu geben, den erforderlichen Datenaustausch zwischen den Behörden zu verbessern, bereits die Einreise terroristischer Straftäter nach Deutschland zu verhindern, identitätssichernde Maßnahmen im Visumverfahren zu verbessern, den Einsatz bewaffneter Flugbegleiter des BGS auf deutschen Luftfahrzeugen zu ermöglichen, Grenzkontrollmöglichkeiten zu verbessern und bereits im Inland befindliche Extremisten besser zu erkennen. Das Sicherheitsüberprüfungsgesetz, das Passgesetz, das Gesetz über Personalausweise, das Vereinsgesetz, das Luftverkehrsgesetz, das Bundeszentralregistergesetz, das Zehnte Buch des Sozialgesetzbuchs und das Energiesicherungsgesetz werden geändert, um Sicherheitsüberprüfungen für Mitarbeiter in lebens- oder verteidigungswichtigen Einrichtungen zu ermöglichen, Rechtsgrundlagen für die Aufnahme biometrischer Merkmale in Pässe und Personalausweise zu schaffen, den Gebrauch von Schusswaffen in zivilen Luftfahrzeugen Polizeivollzugsbeamten vorzubehalten, Aktivitäten extremistischer Ausländervereine in Deutschland rascher unterbinden zu können, die Rasterfahndung durch die Einbeziehung von bestimmten Sozialdaten wirkungsvoller zu gestalten und die uneingeschränkte Energieversorgung sicherzustellen. Die Regelungen zum Bundesverfassungsschutzgesetz, dem BND-Gesetz, dem MAD-Gesetz, dem Sicherheitsüberprüfungsgesetz sowie dem Paragrafen 7 Absatz 2 des BKA-Gesetzes werden auf fünf Jahre befristet.

Zu den gesetzlichen Änderungen im Einzelnen:

Dem Verfassungsschutz kommt bei der Terrorismusbekämpfung im Rahmen der Vorfeldaufklärung eine wichtige Aufgabe zu. <u>Das Bundesamt für</u>

Verfassungsschutz erhält daher das Recht, auch solche Bestrebungen zu beobachten, die sich gegen den Gedanken der Völkerverständigung oder gegen das friedliche Zusammenleben der Völker richten, da sie ein gefährlicher Nährboden für den wachsenden Terrorismus sind.

In verschiedenen Landesverfassungsschutzgesetzen sind solche Bestrebungen bereits als Gegenstand der nachrichtendienstlichen Beobachtung genannt. Informationen über Geldströme und Kontobewegungen von Organisationen und Personen, die extremistischer Bestrebungen oder sicherheitsgefährdender bzw. geheimdienstlicher Tätigkeiten verdächtigt werden, können zur Feststellung von Tätern und Hintermännern führen. Zur Erforschung dieser Geldströme und Kontobewegungen erhält das Bundesamt für Verfassungsschutz die Befugnis, Informationen bei Banken und Finanzunternehmen über Konten und Konteninhaber einzuholen. Ferner sind Auskunftsbefugnisse gegenüber Postdienstleistern, Luftverkehrsunternehmen, Telekommunikations- und Teledienstleistern vorgesehen. Die originären Ermittlungskompetenzen des Bundeskriminalamtes werden erweitert, indem das Bundeskriminalamt bei bestimmten schweren Erscheinungsformen von Datennetzkriminalität die Strafverfolgungsbefugnisse wahrnimmt, ohne dazu ersucht oder beauftragt worden zu sein. Zudem werden die Zentralstellenkompetenzen des Bundeskriminalamtes gestärkt. Durch den Wegfall eines bürokratischen Hemmnisses soll die Informationsbeschaffung des Bundeskriminalamtes zur Ergänzung vorhandener Sachverhalte und zur Durchführung von Auswerteprojekten erleichtert werden.

Die vorgenommen Änderungen im Ausländergesetz sehen vor, dass Personen keine Visa oder Aufenthaltsgenehmigungen erhalten und einem Einreise- und Aufenthaltsverbot in Deutschland unterliegen, die die freiheitliche demokratische Grundordnung oder die Sicherheit der Bundesrepublik Deutschland gefährden, sich bei der Verfolgung politischer Ziele an Gewalttätigkeiten beteiligen, öffentlich zur Gewaltanwendung aufrufen oder einer Vereinigung angehören, die den internationalen Terrorismus unterstützt. Darüber hinaus wird die Grundlage für eine Intensivierung der Zusammenarbeit der Auslandsvertretungen mit den Sicherheitsbehörden geschaffen. Die Möglichkeiten der Identitätssicherung, insbesondere durch Schaffung einer Rechtsgrundlage für identitätssichernde Maßnahmen von Auslandsvertretungen im Sichtvermerksverfahren, werden erweitert. Weiterhin sind innerstaatliche Regelungen enthalten zur maschinenlesbaren Zone für die EU-Aufenthaltstitel sowie Dul-

dung und Aufenthaltsgestattung, wobei bei letzterer die Anforderungen hinsichtlich der Fälschungssicherheit deutlich angehoben wurden. Die Einführung von fälschungssicheren Ausweisen wird auch auf Asylbewerber und Duldungsinhaber erstreckt.

Im Asylverfahrensgesetz wird eine gesetzliche Grundlage für eine Sprachaufzeichnung geschaffen, anhand derer eine identitätssichernde Sprachanalyse zur Bestimmung der Herkunftsregion erfolgen kann. Auf die Erhebung muss der Ausländer vorher hingewiesen werden (offene Datenerhebung). Die Aufzeichnung erfolgt außerhalb der förmlichen Asylanhörung. Fingerabdrücke und andere im Zusammenhang mit Asylverfahren gewonnene identitätssichernde Unterlagen werden künftig 10 Jahre ab Unanfechtbarkeit der Asylentscheidung aufbewahrt, um den Sicherheitsbehörden langfristig Erkenntnismöglichkeiten zu verschaffen. Ebenso werden künftig die Fingerabdrücke von Asylbewerbern automatisch mit dem polizeilichen Tatortspurenbestand des Bundeskriminalamtes abgeglichen werden können.

Schließlich wird die Erkenntnisgewinnung aus dem Ausländerzentralregister durch wichtige Änderungen des Ausländerzentralregistergesetzes verbessert. Die Visadatei, in der derzeit grundsätzlich nur Daten über Visaanträge gespeichert werden, wird zu einer Visaentscheidungsdatei ausgebaut, um eine verbesserte Kontrolle des einreisenden Verkehrs zu gewährleisten. Der Zugriff für Polizeibehörden bei abstrakten Gefahren, also z. B. im Rahmen von Personenkontrollen, wird verbessert, damit sie sofort feststellen können, ob sich ein Ausländer legal in Deutschland aufhält. Die Möglichkeit, Gruppenauskünfte einzuholen, wird in Zukunft auch auf Personen mit verfestigtem Aufenthaltstatus erstreckt. Darüber hinaus sind Gruppenauskünfte künftig auch bei abstrakten Gefahren zulässig. Um die Arbeit der Sicherheitsdienste effektiver zu gestalten, erhalten sie die Möglichkeit, künftig den gesamten Datenbestand im automatisierten Verfahren abzurufen.

Im Pass- und Personalausweisrecht wird die Grundlage geschaffen, um die Möglichkeiten zur computergestützten Identifizierung von Personen auf der Grundlage der Ausweisdokumente zu verbessern und zu verhindern, dass Personen sich mit fremden Papieren ähnlich aussehender Personen ausweisen. Zur Erreichung dieser Zielsetzung sieht der Entwurf im Wesentlichen vor, dass neben dem Lichtbild und der Unterschrift ein weiteres biometrisches Merkmal in den Pass und den Personalausweis – auch in verschlüsselter

Form – aufgenommen werden darf. Die näheren Einzelheiten sind in einem besonderem Bundesgesetz zu regeln. Damit kann zukünftig zweifelsfrei überprüft werden, ob die Identität der betreffenden Person mit den im Dokument abgespeicherten Originaldaten übereinstimmt.

Nach der Streichung des ›Religionsprivilegs‹ ergänzen die vorgesehenen Änderungen des Vereinsgesetzes die staatlichen Handlungsoptionen zur Bekämpfung extremistischer Vereinigungen mit Auslandsbezug. So kann künftig mit der Neufassung und Ausweitung der Vereinsverbotsgründe für Ausländervereine und ausländische Vereine z. B. verhindert werden, dass gewalttätige oder terroristische Organisationen von Ausländervereinen in Deutschland unterstützt werden. Das Verbot der öffentlichen Verwendung von Kennzeichen verbotener Vereine wird effektiviert.«

(Quelle: Bundesregierung.de
http://www.bundesregierung.de/top/dokumente/Artikel/ix_59716.htm?template=single&id=59716_1499&script=1&ixepf=_59716_1499)

Diese Gesetzgebung richtet sich derzeit natürlich gegen den internationalen Terrorismus. Sind die Gesetze aber einmal verabschiedet, werden sie zukünftig wahrscheinlich nicht mehr geändert. Diese Änderungen könnten auch einmal gegen die christlichen Kirchen angewandt werden. Was ist, wenn die Gemeinden an der Einzigartigkeit Jesu festhalten und sich zukünftig die christlichen Grundlagen unseres Staates zugunsten liberaler und toleranter Einstellungen verändert? Stellen sich dann die Kirchen gegen die »freiheitliche demokratische Grundordnung«?

Auch das Bankgeheimnis wird aufgeweicht.

»Schröder stellt Bankgeheimnis nun in Frage

Im Kampf gegen den internationalen Terror hat Kanzler Gerhard Schröder das Bankgeheimnis in Deutschland infrage gestellt. Im Bundestag sagte der SPD-Vorsitzende: Ich verstehe ja, dass ganz viele Menschen das Bankgeheimnis gleichsam für die Magna Charta der inneren Sicherheit halten. Diese Annahme sei aber falsch …«

(Quelle: WAZ: 27.09.2001)

Wenn dies kommt, sind die Bankkonten transparent. Dann weiß der Staat z. B., wen ich mit meinen Spenden unterstütze.

Auch in anderen Bereichen wie z. B. dem Gesundheitswesen sollen Daten zentraler gespeichert und ausgewertet werden.

»Die digitale Krankenakte

Versichertenkarte wird zum Gesundheitspass

Das Bundesgesundheitsministerium will die Versichertenchipkarte zum Gesundheitspass ausweiten. Der Pass soll bereits im kommenden Jahr versuchsweise eingeführt werden. Auf der Chipkarte sollen künftig Angaben über chronische Krankheiten, Allergien, Operationen, Röntgenuntersuchungen, aber auch die Adressen möglicher Ansprechpartner bei Notfällen gespeichert werden. Geplant ist, die bisherige Krankenversicherungskarte in mehrere Felder aufzuteilen und teilweise zu verschlüsseln. So sollen in einem Fach Arzt und Apotheker Mittel eintragen, die der Patient erhalten hat. In einem anderen sollen weitere Gesundheitsdaten aufgeführt werden, etwa ob der Patient einen Herzschrittmacher trägt. Ein Blindfach soll zudem Daten über Arzneien speichern, die Ärzte und Apotheker nicht einsehen sollen. Hierzu könnten etwa HIV-Präparate oder Methadon gehören. Wenn ein anderer Arzt ein Medikament verschreibe, das mit den verschlüsselten Präparaten nicht harmoniere, würde ein Warnhinweis aufflackern, heißt es. Durch die Einführung des Passes verspricht sich das Ministerium zudem Kostenersparnisse von bis zu zwei Milliarden Mark, weil künftig weniger Patienten wegen Arzneimittelnebenwirkungen behandelt werden müssten und die Abrechnungen transparenter würden. Datenschützer mahnten, dass die Aufnahme von Daten freiwillig bleiben müsse. Auch müsse der Patient die Möglichkeit haben, bestimmte Angaben wieder aus der Datensammlung zu streichen. Dies könne etwa bedeutsam sein, wenn ihm nachträglich bestimmte Krankheiten oder Infektionen unangenehm seien oder eine besondere Rolle spielten.«

(Quelle: WAZ: 31.10.2001)

Durch diese Datenhaltung könnten viele Stellen die Möglichkeit des Zugriffs auf die persönlichsten Daten der Patienten erhalten.

Die Bundesregierung plant den Verkauf von Zigaretten nur noch mit Chipkarten zu erlauben. Die Idee ist eigentlich vernünftig – dadurch können Jugendliche wahrscheinlich effektiver daran gehindert werden, sich Zigaretten zu besorgen.

»Neuer Plan der Bundesregierung

Automaten-Zigaretten nur noch mit Chipkarte

Zigaretten aus dem Automaten soll man bald nur noch mit Geldkarten (z. B. EC-Karte oder S-Card) bezahlen können! Das plant die Bundesregierung.

Auf den Karten soll dann ein neuer Computerchip installiert werden, der das Alter des Karteninhabers speichert. So soll kontrolliert werden, dass niemand Zigaretten ziehen kann, der noch keine 16 Jahre alt ist. Die Drogenbeauftragte der Bundesregierung, Marion Caspers-Merk (SPD): ›Weil Rauchen gerade für Jugendliche gefährlich ist, setze ich mich dafür ein, dass das Jugendschutzgesetz noch in dieser Wahlperiode neu gefasst wird.‹«

(Quelle: Bild-Zeitung 05.02.2002)

Die Idee ist sicherlich gut. Was ist allerdings, wenn in ein paar Jahren auch in anderen Bereichen nur noch mit elektronischem Geld bezahlt werden kann?

Auch in Großbritannien haben die Anschläge ein Umdenken bezüglich des Datenschutzes und der Überwachung der Bürger hervorgerufen.

»Furcht vor Terror: Briten wollen Personalausweis einführen

Die bürgerliche Freiheit definierte der Brite bisher so: Es geht niemanden etwas an, wer ich bin. Personalausweise gibt es nicht, und wenn der Bobby nach dem Namen fragt, setzt es meist eine patzige Antwort. Die Furcht vor dem Terror sorgt auch hier für eine Revolution. Innerhalb der nächsten zwei Jahre will die Regierung jeden Bürger mit einem fälschungssicheren Ausweis ausstatten. Solche Vorstöße gab es schon öfter. Erstmals hat diese Identitätskrise jedoch kaum Proteste ausgelöst. Mehr als 80% der Briten befürworten inzwischen die Einführung von Personalausweisen. Was bisher als empörender Eingriff in die Persönlichkeitsrechte abgelehnt wurde, gilt plötzlich als Rettung ...

Im Klimawechsel nach den Anschlägen in den USA wagt die Regierung nun den entscheidenden Vorstoß. Man plane die Einführung einer obligatorischen Identitätskarte, gab Innenminister Blunkett bekannt, und erntete erstaunlich wenig Proteste. Für den Bürger bedeutet der Ausweis immerhin eine drastische Veränderung seiner Rechte ...

Nun ist alles anders, und offenbar will man die Chance für die Einführung einer Identitätskarte nutzen, die alles Vergleichbare weit hinter sich lässt. Die gesamte Persönlichkeit soll auf der Karte gespeichert werden, und auch die sensibelsten Daten fänden Platz in leistungsfähigen Mikrochips. Mit Fingerabdrücken, Persönlichkeitsabgleichung über die Iris oder Erkennung der Gesichtsgeometrie, dem letzten Schrei der Identifizierung, könnte man den Ausweis praktisch fälschungssicher machen. Neben einem Foto sollen biologische Daten, Sozialversicherungsnummer und medizinische Angaben Platz finden. Über einen Laser-Code könnte die Polizei mit einem tragbaren Lesegerät jederzeit einen Abgleich mit dem Zentralcomputer durchführen. Terroristen könnten solch einem dicht geknüpften Netz kaum entschlüpfen, hofft der Innenminister.«

(Quelle: WAZ: 26.09.2001)

Durch so ein engmaschig gestricktes Überwachungsnetz schlüpft nahezu niemand. Was nur, wenn sich dieses Netz einmal gegen Christen richtet?

Auch in den USA wurde die Gesetzgebung verschärft. Unter anderem wird die Überwachung von Personen bei der Einreise stärker kontrolliert.

»USA: George Bush unterschreibt ausländerfeindliches Biometrie-Gesetz

Die USA schotten sich aus Angst vor weiteren Terroranschlägen ab – und setzen dabei auf die Möglichkeiten der Biometrie. Ein jüngst von US-Präsident George W. Bush unterzeichnetes Gesetz sieht vor, dass Ausländer ab dem Jahr 2004 nur mehr dann in die Vereinigten Staaten einreisen können, wenn sie über ein Visum oder einen Pass verfügen, in dem biometrische Merkmale wie Fingerabdrücke oder Iris-Scans enthalten sind. Man wolle Amerika keinesfalls zu einer Festung machen, versicherte Bush anlässlich der Unterzeichnung des Gesetzes: ›Wir sind ein freies Land und eine offene Gesellschaft.‹ Daher müssten die US-Gesetze geschützt werden, so Bush. Das neue Gesetz ermögliche es den Behörden, die technologischen Möglichkeiten zu nutzen, um jene, die in betrügerischer Absicht einreisen wollten, daran zu hindern. Im Klartext bedeutet das: Wer weder über das Spezial-Visum noch über einen entsprechenden Pass verfügt, muss damit rechnen, dass die Reise für ihn an der US-Zollkontrolle ein vorzeitiges Ende nimmt … Die USA gehen in ihrem Gesetz noch einen Schritt weiter und wollen auch ausländische Stu-

denten künftig in den Genuss des ›Big-Brother-Feelings‹ kommen lassen: Mit einem zentralen Computersystem will die US-Regierung jeden Einzelnen kontrollieren und die Daten mit ausländischen Botschaften und Universitäten sowie der Einwanderungsbehörde abgleichen. Erste Testläufe zum allgegenwärtigen Überwachungsstaat gibt es bereits jetzt. An mehreren US-Flughäfen werden die Passagiere mittels digitaler Kameras beobachtet und ihre Bilder mit einer Verbrecher-Datenbank verglichen.«

(Quelle: silicon.de 17.05.2002)

In der Wirtschaft werden heute vermehrt die Kundendaten vernetzt und zum Vorteil für Firmen verwendet. Dabei bleibt der Datenschutz oftmals auf der Strecke.

»Echtzeitdatenpflege: IT lässt Managerträume wahr werden

Alle relevanten Informationen sofort auf einen Blick ...

Soft- und Hardware haben heute eine Reife und Leistungsfähigkeit erreicht, die die erforderliche Zeit für einen Blick auf konsolidierte Daten faktisch auf Null senken. Was die Gartner Group im Juni 1998 in das futuristisch und theoretisch anmutende Schlagwort ›Zero Latency Enterprise‹ (ZLE) fasste, versprechen inzwischen IT-Anbieter tatsächlich: Den ständigen Überblick über alle operativen und dispositiven Daten – egal, wo sie anfallen, und egal, welche Anwendung ein Mitarbeiter gerade nutzt.

›Der Wunsch, der hinter dem ZLE-Konzept steht, ist kein neuer‹, sagt Roy Schulte, Analyst bei der Gartner Group. Schon lange sei bekannt, dass ein Unternehmen erfolgreicher agiere, wenn die Informationen, die einem Einzelnen zur Verfügung stünden, allen Mitarbeitern vorlägen. ›Aber erst jetzt sind die Rahmenbedingungen erfüllt, um ZLE tatsächlich zu verwirklichen‹, glaubt Schulte ...

Eines der Vorzeigeunternehmen für das ZLE-Konzept ist die US-Kaufhauskette Target ...

Ziel ist die permanente Verfügbarkeit sämtlicher Kundeninformationen – unabhängig davon, ob der Kunde sich in einer der über 1.300 Filialen oder im E-Shop aufhält. Kauft jemand beispielsweise mehrfach teure Lampen, so werden ihm im Online-Shop bereits automatisch bei weiteren Besuchen ähnliche Produkte aktiv angeboten. Lässt sich ein Kunde für eine Kundenkarte regis-

trieren, koppelt Target die dabei erhobenen persönlichen Daten mit demographischen Informationen. Damit weiß die Kaufhauskette beispielsweise die ungefähre Höhe des Einkommens. Beim nächsten Surfen des Kunden im E-Shop passt Target das Warenangebot regelbasiert an die bereits bekannten Vorlieben und das Einkommen an. Parallel dazu bekommt der Kunde per Post zeitlich befristete Rabatte auf bestimmte Babyartikel eingeräumt, da er für den Erwerb seiner Kundenkarte auch das Alter seiner Kinder angeben musste. Was manchen Betrachter an Orwells ›1984‹ erinnert oder an die Datensammelleidenschaft der Stasi, lässt Managerherzen höher schlagen: Bei einer konsequenten Datenpflege wird der Kunde dank einer ZLE-Architektur wirklich ›gläsern‹ – und das in Echtzeit ...«

(Quelle: silicon.de, 17.12.2001)

Die aufgeführten Beispiele machen deutlich, dass auf verschiedenen Ebenen die Daten der Bürger vermehrt gespeichert, vernetzt und ausgewertet werden. Vieles ist jetzt durch die Anschläge in den USA ins Rollen gekommen und wird dadurch legitimiert. Aber was passiert mit den Daten der Bürger, wenn diese einmal in falsche Hände geraten?

17.3 Weltweite Überwachung und Kontrollmöglichkeiten

Die Bibel spricht in der Offenbarung davon, dass das prophezeite Tier die Menschen einmal dahin bringen wird, dass sie ein Zeichen an ihre Hand oder ihre Stirn bekommen, welches sie ausweist. Ohne dieses Zeichen wird man von der Gesellschaft ausgeschieden und kann weder kaufen noch verkaufen.

»Und es macht, dass sie allesamt, die Kleinen und Großen, die Reichen und Armen, die Freien und Sklaven, sich ein Zeichen machen an ihre rechte Hand oder an ihre Stirn, und dass niemand kaufen oder verkaufen kann, wenn er nicht das Zeichen hat, nämlich den Namen des Tieres oder die Zahl seines Namens.« *Offenbarung 13, 16+17*

Das Tier wird die Welt auf allen Ebenen überwachen und kontrollieren. Wie ist das vorstellbar? Heute kann man fast überall bargeldlos kaufen! In den

USA ist die Kreditkarte das Hauptzahlungsmittel und auch in weiten Teilen Europas und Asiens laufen viele Einkäufe bargeldlos. Durch die Einführung des Euro gibt es in Europa langfristig nur eine große Währung. Ich denke, es ist absehbar, dass ähnlich wie in den USA in ein paar Jahren in Europa das Bargeld zu einem großen Teil als Zahlungsmittel verschwindet. Was macht dann der Bürger, der keine EC-Karte, keine Kreditkarte oder letztendlich keinen eingebauten Chip bekommt, weil er oder sie Christ ist? Es ist nicht mehr möglich einzukaufen oder zu verkaufen!

»US-Firma: Ausweis unter der Haut bald Standard

Eine US-Firma will in drei Monaten mit dem Verkauf von Chips beginnen, die Menschen unter der Haut eingepflanzt werden. Wie die Los Angeles Times berichtet, sollen die Chips wichtige medizinische Informationen enthalten, die mit einem Scanner gelesen werden können.

Im Frühjahr soll es in Südamerika losgehen ...

Der Hersteller Applied Digital Solutions empfiehlt diese Kennzeichnung besonders Patienten mit künstlichen Organen für eine schnelle Identifizierung in medizinischen Notfällen. Der implantierte ›Ausweis‹ könnte zukünftig auch bei der Suche nach entführten Personen hilfreich sein, glaubt die Firma. In Verbindung mit dem satellitengestützten Global Positioning System könnte der Chip und damit auch sein Träger lokalisiert werden. Der Hersteller will das Produkt zunächst in Südamerika verkaufen. Mit der amtlichen Genehmigung durch die Gesundheitsbehörde für den US-Markt wird Mitte nächsten Jahres gerechnet. ›Ich wäre überrascht, wenn wir in zehn Jahren nicht einen Chip unter der Haut haben, mit dem man sein Haus aufschließt, das Auto startet und Geld abhebt‹, meinte Chris Hables Gray, Computerprofessor von der Universität Great Falls in Montana. Applied Digital stellt bereits elektronische Chips für Tiere her, mit denen Landwirte ihre Herden überwachen können. Ein weiteres Produkt sind Armbänder für Alzheimerpatienten, durch die sich der jeweilige Aufenthaltsort der Person feststellen lässt.«

(Quelle: www.silicon.de Freitag, 21. Dezember 2001)

Nähere Informationen dazu findet man beim Hersteller unter
http://www.adsx.com oder http://www.digitalangel.net

»Das digitale Gedächtnis

Zuerst die gute Nachricht: Der Mensch ohne Gedächtnis ist eine aussterbende Spezies. Nun die schlechte: Der krankheitsresistente Wissensspeicher wird sich nicht in seinem Hirn befinden, sondern in einem Microchip, der unter die Haut gespritzt wird. So erhofft es sich das US-Unternehmen ADS aus Palm Beach. Es will das Identifikations-System, das bei Hund und Katze so prima klappt, auf den Menschen übertragen. Der reiskorngroße Chip könnte Daten zur Person, zur Gesundheit und – ja warum denn nicht – zum Lebenswandel enthalten. Polizei und Flughafenpersonal erhalten Lesegeräte, sodass sie jederzeit in jedermanns Gedächtnis schauen können. Eine tolle Idee. Was für die Kennzeichnung von Kampfhunden taugt, kann für den gemeinen Menschen so falsch nicht sein. Noch haben die US-Behörden den so genannten ›VeriChip‹ nicht genehmigt. Doch das ist nur eine Frage der Zeit. Denn der Hersteller hat sich auch über den Datenschutz seine Gedanken gemacht: Der ehrbare US-Bürger müsse sich den Chip ja nicht einspritzen lassen. Ausländern aber solle er von Gesetzes wegen verpasst werden. Zu ihrer eigenen Sicherheit, versteht sich.«

(Quelle: Kommentar in der WAZ 12.03.2002)

»Patientenakte implantiert

US-Familie ließ sich Mini-Chip einsetzen

Ein Ehepaar und sein 14-jähriger Sohn haben sich im US-Staat Florida als erste einen Chip implantieren lassen. Der Reiskorn große Speicher enthält Telefonnummern, Informationen für den Arzt und über Medikamente. Die ›elektronische Patientenakte‹ wurde den Familienmitgliedern unter örtlicher Betäubung in den Arm eingesetzt. Der Eingriff dauerte nur eine Minute, sagten Jeff und Leslie Jacobs. Ärzte könnten damit in Notsituationen und bei Bewusstlosigkeit schnell Patienteninformationen bekommen, argumentiert die Herstellerfirma. Die gespeicherten Daten sind mit einem Scanner durch die Haut abzulesen. ›Wir versprechen uns davon mehr Sicherheit‹, sagte Leslie Jacobs (46) nach dem Eingriff. Ihr Mann Jeff hat mehrere Operationen hinter sich und kämpft mit zahlreichen Krankheiten.«

(Quelle: WAZ 13.05.2002)

Die Artikel machen es deutlich. Die »Markierung« von Menschen ist schon heute möglich.

In der Wirtschaft besteht heute ein großes Interesse, den elektronischen Einkauf voranzutreiben. Dieser Handel verspricht eine weitere Steigerung des Umsatzes. Eine Hürde für die Weiterentwicklung des elektronischen Business ist die Rechtsunsicherheit auf Seiten der Kunden und Anbieter. Ein Stück Abhilfe wird u. a. durch die Einführung der elektronischen Unterschrift erwartet.

»Karte bereit zur elektronischen Unterschrift

Unterschrift per Chipkarte: Bis 2010 soll das in Deutschland Alltag sein. Die Post ist jedenfalls davon überzeugt. Dieser Blick ist nur einer von vielen, die auf der Cebit, der weltgrößten Computermesse, nach vorn geworfen werden. ›Wir gehen bis 2010 von rund 40 Millionen Nutzern aus‹, sagte Fritz Höring, Geschäftsführer der Post-Tochter Signtrust. Rechtlich werde die virtuelle Signatur aber schon in naher Zukunft gleichgestellt sein. Behördengänge per Internet sollten bis 2005 zumindest in Teilbereichen Standard sein. Neben Einkäufen oder Bankgeschäften im Internet per Chipkartensignatur können laut Höring Firmen auf diesem Wege ihren Mitarbeitern Zugangsrechte oder Vollmachten zuweisen. ›Aber wer will, kann sich auch eine Signatur als Vorsitzender des Kleingartenvereins auf seine Karte laden.‹

(Quelle: WAZ 14.03.2002)

Überwachung in ganz großem Stil wird heutzutage natürlich durch die Geheimdienste durchgeführt. Vor allem die amerikanische NSA (National Security Agency) betreibt dies intensiv. Dieser Geheimdienst ist im US-Bundesstaat Maryland beheimatet. Nur eine Sonderausfahrt auf der Autobahn zwischen Washington und Baltimore bei dem Weiler Annapolis Junction weist Eingeweihten den Weg zur »Crypto City« – der Zentrale der NSA. »No Such Agency« – eine solche Behörde gibt es nicht – galt lange Zeit als der treffendste Klarname für das Kürzel NSA. In Wahrheit ist der Geheimdienst höchst aktiv, unterhält Horchposten rund um den Globus, liegt mit U-Booten und antennenbestückten Frachtschiffen vor fremden Küsten auf der Lauer und hält mit supergeheimen Flugzeugen und Satelliten Ausschau nach Wissenswertem für seine unersättlichen Elektronengehirne. In Crypto City findet sich die wohl weltweit größte Ansammlung von

Supercomputern und von Mathematikern, Informatikern und Sprachwissenschaftlern, die nahezu alle Sprachen der Welt beherrschen. Um die gewaltigen Datenberge zu bearbeiten, die ihnen täglich ins Haus geliefert werden, teilen die Geheimniskrämer die Zeit ihrer Rechner in Femtosekunden auf, Millionstel-Milliardstelsekunden. Und in ihren Labors erforschen sie Elektronenrechner, die mehr als eine Billiarde Operationen pro Sekunde ausführen können. Mit diesem Aufwand will die NSA jene völlig neuen Aufgaben bewältigen, vor die sie sich im Informationszeitalter gestellt sieht. Die elektronischen Ohren der NSA zapfen heute gewaltige Kommunikationskanäle an: das Netz der Fernsprechsatelliten. Wie mit gigantischen elektronischen Staubsaugern wird alles aufgesogen, was der Äther hergibt. Es ist die umfassendste Abhöraktion, welche die Welt bislang gesehen hat. Streng geheim werten Amerika, Großbritannien, Kanada, Australien und Neuseeland den weltweiten Nachrichtenverkehr aus. Das globale Spionagesystem mit dem Codenamen »Echelon« hört weltweit die elektronischen Nachrichtenwege wie E-Mail, Telefon, Fax, Satelliten- und Glasfaserkommunikation ab. Ursprünglich war dieses Aufklärungsnetzwerk von den Vereinigten Staaten und Großbritannien ins Leben gerufen worden, um die Sowjetunion und die kommunistischen Staaten während des Kalten Krieges auszuspionieren. Nach Ende des Kalten Krieges wurde es mehr und mehr dazu ausgebaut, Terroristen und Kriminellen auf die Schliche zu kommen. Vollautomatisch erfasst Echelon dabei, was immer die Fahnder vorher an Kriterien eingegeben haben: Telefonnummern, Namen, Begriffe. Auf diese Weise belauschten die Kommunikationsspezialisten beispielsweise den US-Staatsfeind Nummer eins, den Terroristen Osama Bin Laden, wenn er auf seinem tragbaren Inmarsat-Satellitentelefon sprach. Auch vor Verbündeten machen die US-Späher dabei keinen Halt. Computerisierung und Digitalisierung, Handy und Internet bescheren den Abhörern mittlerweile eine kaum noch zu bewältigende Datenflut. Um auch künftig den rasend anschwellenden Datenstrom bewältigen zu können, den die Digitalisierung erzeugt, hat der Abhörgeheimdienst in einer Ecke von Crypto City sogar eine eigene Computerfabrik aufgebaut. In deren Forschungsinstituten arbeiten NSA-Wissenschaftler an den Supercomputern für übermorgen. Schon heute könnten dort Petaflop-Computer kaum vorstellbare 10^{15} Operationen pro Sekunde absolvieren. Neue Superrechner, deren Bauteile auf atomare

Größe geschrumpft sind, versprechen Quantensprünge in der Leistungssteigerung. Rechnerkomponenten aus biologischen Elementen gelten unter Fachleuten – auch bei der NSA – als das Nonplusultra der elektronischen Technologie.

Auch das Europäische Parlament hat sich mit dem Echelon-Projekt der NSA befasst. Im Berichtsentwurf des Untersuchungsausschusses des Europäischen Parlamentes zu Echelon vom 18. Mai 2001 werden zum ersten Mal die identifizierten Schnüffelstationen des Echelon-Systems im Detail benannt. Im Berichtsentwurf sind die weltweiten Horchposten zusammengefasst, die im Rahmen von Echelon für das Abhören von Kommunikationssatelliten eingesetzt werden.

Explizit nennt der Report folgende Stationen:

- Yakima, USA (120°W, 46°N)
- Sugar Grove, USA (80°W, 39°N)
- Sabana Seca, Puerto Rico (66°W, 18°N)
- Morwenstow, England (4°W, 51°N)
- Menwith Hill, England (2°W, 53°N)
- Geraldton, Australien (114°O, 28°S)
- Pine Gap, Australien (133°O, 23°S)
- Waihopai, Neuseeland (173°O, 41°S)
- Buckley Field, USA, Denver Colorado (104°W, 40°N)
- Hong Kong (22°N, 114°O)
- Leitrim, Kanada (75°W, 45°N)
- Bad Aibling, Deutschland (12°O, 47°N)
- Ayios Nikolaos, Zypern (32°O, 35°N)
- Shoal Bay, Australien (134°O, 13°S)
- Guam, Pazifik (144°O, 13°S)
- Kunia, Hawai (158°W, 21°N)
- Medina Annex, USA Texas (98°W, 29°N)
- Fort Gordon (81°W, 31°N)

(Quellen:
Spiegel-Online 22.04.2001 & 26.04 2001 & 14.06.2001
http://www.spiegel.de/netzwelt/politik/0,1518,139284,00.html
http://www.spiegel.de/netzwelt/politik/0,1518,129649,00.html

http://www.spiegel.de/netzwelt/politik/0,1518,130000,00.html
http://www.echelonwatch.org/
http://www.icdc.com/~paulwolf/fedcomp.htm)

Auch in Deutschland haben der Verfassungsschutz und die Geheimdienste weit reichende Möglichkeiten zur Kontrolle des Telefon- und Internetverkehrs.

»Telekom-Anbieter müssen Überwachung ermöglichen

Das Kabinett hat die so genannte Telekommunikations-Überwachungsverordnung beschlossen. Bisher gab es Netze, deren Kontrolle nicht möglich war. Die Telekommunikations-Überwachungsverordnung (TKÜV) gilt zum Beispiel für Telefon- und Mobiltelefongespräche, Faxe, E-Mails oder SMS. Anbieter von Telefon- und Internetdiensten müssen Ermittlungsbehörden nun bei einer entsprechenden Anordnung die Überwachung des Telekommunikationsverkehrs ihrer Kunden ermöglichen ...«

(Quelle: Spiegel-Online 24.10.2001
http://www.spiegel.de/politik/deutschland/0,1518,164155,00.html)

Die US-Regierung verstärkt nach den Anschlägen vom 11. September die Anstrengungen, den weltweiten Datenverkehr zu überwachen.

»US-Regierung will mehr Überwachung im Internet

Sicherheit verdrängt Datenschutz

In den USA droht die Privatsphäre das jüngste Opfer der blutigen Terroranschläge von New York und Washington zu werden. Aus Sorge vor neuen Anschlägen versucht die Regierung Bush nach Ansicht von Datenschützern im Eilverfahren eine Reihe von Überwachungsmaßnahmen durchzusetzen, die noch vor kurzem am Widerstand des Kongresses gescheitert waren, meldet die Nachrichtenagentur dpa. Neben der erweiterten Telefonüberwachung geht es vor allem um die Kontrolle des Internets und der Verschlüsselungstechnik. Die Regierung kann bei der Ausweitung ihrer Befugnisse im Moment auf die Unterstützung der Bevölkerung setzen. Vor die Wahl gestellt, ob sie mehr Sicherheit oder mehr Privatsphäre haben wollen, erklärten viele nach dem Anschlag, dass es ihnen vor allem um die Aufklärung des unvorstellbaren

Verbrechens gehe. Bereits zwei Tage nach den Anschlägen verabschiedete der Senat in einem Gesetzesanhang eine Lockerung der Datenüberwachung, die es dem FBI nach Angaben von Datenschützern erleichtert, ihr umstrittenes Internet-Schnüffelsystem ›Carnivore‹ einzusetzen. Das kürzlich aus Akzeptanzgründen auf den neutraler klingenden Namen DCS 1000 umgetaufte Gerät erlaubt es dem FBI unter anderem, aus Hunderttausenden E-Mails diejenigen mit verdächtigen Inhalten herauszufiltern. Schon jetzt kann das FBI auf die Zusammenarbeit der Internetprovider setzen. Große Anbieter wie AOL und Microsoft bestätigten, dass sie bereits mit den Ermittlern kooperierten. Sie ließen allerdings offen, wie dies geschehen sei. Nach Angaben der ›Washington Post‹ drängt das Weiße Haus den Kongress, noch in den kommenden Tagen weitergehende Befugnisse für die Ermittlungsbehörden zu verabschieden. Ganz oben auf der Liste steht auch die Verschlüsselungstechnik. So verlangte der republikanische Senator Judd Gregg erneut, in die weit verbreitete Verschlüsselungssoftware Pretty Good Privacy eine Art Hintertür einzubauen, die es dem FBI erlauben würde, die verschlüsselten E-Mails zu knacken. Als weitere Erleichterung für die Ermittler will Justizminister John Ashcroft die Möglichkeiten der Telefonüberwachung erweitern. Auf der Wunschliste der Sicherheitsexperten stehen des Weiteren mehr Sicherheitskameras auf öffentlichen Plätzen und Flughäfen, die nach dem Vorbild der Stadt Tampa im Bundesstaat Florida mit einer Gesichtserkennungssoftware gekoppelt werden könnten. Die Software kann unter Hunderttausenden Fotos die Gesichtszüge eines Verdächtigen erkennen. Die Regierung begründet ihren Vorstoß mit der zunehmenden Nutzung von Computern bei der Kommunikation zwischen Terroristen. Dies sei viel schwieriger zu überwachen als etwa die Telefonkommunikation, zumal die Terroristen Verschlüsselungssoftware benutzten. Bereits die Regierung von Präsident Bill Clinton hatte deshalb eine Hintertür in der Software gefordert, war aber dabei am Widerstand im Kongress gescheitert. Besorgt darüber, dass der Kongress unter dem Eindruck der Ereignisse zu schnell die Befugnisse der Ermittler erweitern könnte, haben sich zahlreiche Datenschützer in den vergangenen Tagen zu einer Koalition zusammengeschlossen. Die Gruppe ›Zur Verteidigung der Freiheit‹ fürchtete nach Angaben der ›Post‹, dass der Kongress bereits in wenigen Tagen ein ganzes Maßnahmenpaket behandeln könnte. Die Datenschützerorganisation ›Zentrum für Demokratie und Technologie‹ warnte, mit der Aufgabe der Freiheit werde nicht automatisch mehr Sicherheit erkauft. Aber wenn die USA ihre verfassungsmäßigen Freiheiten aufgeben würden, ›dann haben die Terroristen gewonnen‹«.

(Quelle: silicon.de, 19.09.2001)

Die Möglichkeiten zur Überwachung des Datenverkehrs im Internet sind heute schon gewaltig. Dies wird exemplarisch durch den folgenden Artikel deutlich.

»›Carnivore‹ im FBI-Test

Das FBI-Schnüffelprogramm ist noch perfekter, als bisher vermutet worden ist. Offenbar hat das FBI die Öffentlichkeit bewusst falsch unterrichtet. Das von ihr entwickelte E-Mail-Schnüffelprogramm ›Carnivore‹ kann nämlich mehr, als bisher angenommen worden ist. Nach einem dem Electronic Privacy Information Center (EPIC) zugegangenen FBI-Dokument haben interne FBI-Tests ergeben, dass ›Carnivore‹ alle E-Mails und Chats, die über einen Internet-Provider laufen, auffangen und auf FBI-Computern speichern kann ...

Die Tests, die bereits im Frühjahr stattgefunden haben, sind nach Angaben des FBI nur durchgeführt worden, um alle Möglichkeiten der Software zu ermitteln. Gleichzeitig betonten FBI-Offizielle erneut, dass ›Carnivore‹ nur im Rahmen der Gesetze angewandt werde. Dagegen haben verschiedene Bürgerrechtsorganisationen und Abgeordnete schon bei der Vorstellung des Programms im vergangenen Sommer den Verdacht geäußert, dass das bereits eingesetzte System die Verfassung verletze und dem FBI eine unkontrollierbare Lauschtätigkeit erlaube. Sie befürchten zudem, dass damit auch die elektronische Post unbescholtener Bürger kontrolliert werden könnte. Gegenüber der Washington Post erklärten nun mehrere Datenschützer, dass das FBI die Öffentlichkeit über ›Carnivores‹ wahre Fähigkeiten falsch unterrichtet habe ... Für David Sobel, ebenfalls von EPIC, lassen die neuen Informationen aber noch dringender die Notwendigkeit nach der uneingeschränkten Veröffentlichung aller Leistungen des Systems entstehen: ›Die wenigen Informationen, die veröffentlicht wurden, lassen ernsthafte Fragen über die Auswirkungen dieser Technik auf die Privatsphäre entstehen. Man kann nicht erwarten, dass die amerikanische Öffentlichkeit ein Internetlauschsystem akzeptiert, das in Geheimniskrämerei gehüllt ist.‹«

(Quelle: http://www.heise.de – 19.11.2000, Autor: Ernst Corinth)

In England hat die Überwachung des Alltags schon weiter reichende Dimensionen angenommen. Dort werden die Bürger auch schon im Alltag überwacht.

»Computer erkennt die Gesichter

Big Brother muss wohl ein Londoner sein. Jeder Einwohner des Vororts Newham wird schon seit zwei Jahren auf Schritt und Tritt von einem Überwachungssystem kontrolliert, das mit seiner lückenlosen Perfektion unverhofft zur großen Hoffnung der Terroristen-Abwehr in aller Welt geworden ist. Newham liegt im verarmten Osten der Hauptstadt und galt lange als Hochburg der Kriminalität. Dreiste Straßenräuber und bewaffnete Einbrecher drohten bereits, das Kommando vollends zu übernehmen, bis sich die Verwaltung zu einer drakonischen Maßnahme entschloss: Die 250.000 Einwohner wurden komplett verkabelt. Tausende von Kameras überwachen nun jeden Schritt. Sie lauern im Kaufhaus, im Lichtmast, vor dem Fußballstadion, und manche wurden sogar in unauffällige Personenwagen eingebaut. 24 Stunden am Tag, 365 Tage im Jahr, übermitteln sie ihre Bilder in ein Kontrollzentrum, das in einem ehemaligen Bahndepot liegt. Dort steht das Herz der Anlage: ein enormer Computer mit einer einzigartigen Programmierung. Man hat Tausende von Gesetzesbrechern eingespeichert, die in irgendeiner Form schon einmal einschlägig aufgefallen sind. Ob Taschendieb, Trickbetrüger oder Drogenhändler – wer aktenkundig ist, verfängt sich unweigerlich in einem Kontrollnetz, das bereits im U-Bahnhof aufgespannt wird. Die Kamera übermittelt Bilder aller Fahrgäste ins Kontrollzentrum, wo der Computer die Ankömmlinge mit den gespeicherten Daten abgleicht. Kommt ihm ein Gesicht bekannt vor, schlägt er Alarm. Eine rote Lampe und ein scharfer Sirenenton alarmieren das Sicherheitspersonal, das vor einer Videowand hockt und sich prompt an die Verfolgung macht. Handelt es sich zum Beispiel um einen Ladendieb, werden die Detektive im Einkaufszentrum gewarnt. Zwei Jahre nach der Einführung kann Big Brother auf unbestreitbare Erfolge verweisen. Die Kriminalitätsrate in Newham ist drastisch gesunken, bei manchen Gewaltdelikten um fast 70 Prozent. Das System gilt als fehlerlos. Selbst große Sonnenbrillen oder mächtige Perücken reichen als Tarnung nicht aus. Der Computer verlässt sich auf unveränderliche Daten der Gesichts-Geometrie. Sicherheitsexperten deutscher Flughäfen, die auf Hochtouren an einer Terroristen-Abwehr arbeiten, zeigten sich in den letzten Tagen tief beein-

druckt von einem Londoner Prototyp, der inzwischen weit mehr Befürworter als Gegner hat.«

(Quelle: WAZ: 27.09.2001)

Viele Autofahrer möchten das GPS-System nicht mehr missen. Vorbei die Sucherei des Weges mit umständlichen Karten. Durch das amerikanische Global-Positioning-System ist es möglich, den Standort bis auf wenige Meter punktgenau zu bestimmen. Die Kriege in Afghanistan und im Irak haben uns neu vor Augen gehalten, wofür dieses System eigentlich entwickelt wurde – zur militärischen Verwendung.

»Global-Positioning-System

US-Militär kontrolliert das Nadelöhr im Weltall

Millionen nutzen das Navigationssystem

Das weltweit genutzte Satellitensystem zur Positionsbestimmung liegt allein in der Hand der USA: In Krisen hat das US-Militär Vorrang, die privaten Nutzer werden im schlimmsten Fall abgeschaltet. Global-Positioning-System, kurz GPS, nennt sich das amerikanische System. Mit Hilfe von 24 Satelliten, die in einer Höhe von rund 20.000 Kilometer kreisen, ist es möglich, auf der Erde zu jeder Zeit und bei jedem Wetter den eigenen Standort zu ermitteln. Als 1978 der erste Satellit in die Umlaufbahn geschossen wurde, war das etwa 20 Mrd. Mark teure System ausschließlich für militärische Zwecke konzipiert. Anfang der 80er Jahre wurde es für friedliche zivile, kommerzielle und wissenschaftliche Anwendungen freigegeben. Für den privaten Nutzer, ob Hobbysegler oder Autofahrer, ist die Ortsbestimmung via Satellit kostenlos. Die Genauigkeit des GPS-Systems war bis vor kurzem für zivile Zwecke bewusst reduziert worden. Erst im Mai 2000 wurde auf Veranlassung des damaligen US-Präsidenten Clinton die künstliche Verzerrung aufgehoben. Seitdem können private Nutzer ihren Standort, ob Schiff oder Auto, auf etwa 20 Meter genau bestimmen. Je mehr Anwendungen mit dem GPS-System arbeiten, desto größer ist die Kontrolle, die das US-Militär ausüben kann. So erhofft sich die US-Regierung, durch den Gratis-Service die Zahl der konkurrierenden Systeme anderer Länder in Grenzen zu halten. In Krisenfällen, wie zum Beispiel jetzt bei den möglichen Vergeltungsschlägen der USA, hat das Nadelöhr im All Auswirkungen auf die millionenfache zivile GPS-

Nutzung. Das US-Verteidigungsministerium behält sich vor, im Konfliktfall das Signal für private Nutzer wieder zu verzerren oder aber das System ganz abzuschalten. Für Autofahrer und Hobbysegler würde die Ortung in diesem Fall massiv eingeschränkt. Das Bundesforschungsministerium geht davon aus, dass eine mögliche Störung des GPS-Systems auf die Krisenregion beschränkt bleibt. Auch die Anbieter von Navigationssystemen erwarten keine nennenswerten Behinderungen in Deutschland. Nur der ADAC sieht juristische Probleme, falls ein fehlgeleiteter Autofahrer klagen würde: Bei einer Leistung, die kostenlos sei, könne man wohl kaum Schadenersatz erhalten.«

(Quelle: WAZ: 27.09.2001)

Die aufgeführten Informationen machen eines deutlich. Überwachung und Kontrolle der Menschheit sind leider nicht nur Fiktion, sondern möglich und schon heute an der Tagesordnung. Die technischen Systeme werden heute zumeist von demokratischen Staaten verwendet. Die Bibel sagt uns, dass der auftretende Antichrist kein Demokrat sein wird. Er wird sich nicht an Gesetze halten. Schon heute sehen wir, dass in demokratischen Staaten die Grundrechte der Bürger aufgeweicht werden, wenn die Allgemeinheit in Gefahr ist. Das will ich an dieser Stelle auch nicht kritisieren, da ich auch der Meinung bin, dass gegen den Terrorismus konzentriert vorgegangen werden muss. Ich möchte nur aufzeigen, dass sich diese jetzt geschaffenen Möglichkeiten der Überwachung auch einmal gegen andere Gruppen in der Welt einsetzen lassen. Die Bibel sagt uns, dass sich der Hass des Antichristen und der Tiere gegen Jesus und seine Nachfolger richten wird.

18 Epilog

»Und er sagte ihnen ein Gleichnis: Seht den Feigenbaum und alle Bäume an: wenn sie jetzt ausschlagen und ihr seht es, so wisst ihr selber, dass jetzt der Sommer nahe ist. So auch ihr: wenn ihr seht, dass dies alles geschieht, so wisst, dass das Reich Gottes nahe ist.« Lukas 21, 29-31

In diesem Bild sagt uns Jesus, dass wenn der Feigenbaum und alle Bäume anfangen auszuschlagen, der Sommer bald kommt. Der Winter ist vorbei, der Frühling ist jetzt da. Schnee und Eis fangen an zu schmelzen. Es gibt aber in dieser Übergangszeit zum Sommer – der Endzeit – noch kalte, eisige Nächte. Gerade in dieser Zeit wüten oftmals noch heftige Stürme und es fällt auch noch neuer Schnee.

Was steht am Ende der Endzeit? Jesus Christus kommt wieder!

»Und alsdann werden sie sehen den Menschensohn kommen in einer Wolke mit großer Kraft und Herrlichkeit.« Lukas 21, 27

Ich weiß nicht, wie viel Eis schmelzen wird, bevor Jesus auf diese Erde wiederkommt. Ich habe keinen genauen Zeitplan, ob das schon bald sein wird oder ob sich seine Wiederkunft noch lange hinzieht. Um im Bild zu bleiben: Ich weiß nicht, ob er schon im März oder erst im Juni erscheinen wird. Aber ich weiß: der Winter ist vorbei, der Sommer kommt, die letzen Tage der alten Weltordnung sind auch die ersten Tage der neuen Schöpfung.

Jesus kommt, um seine Gemeinde zu sich zu holen und um die Menschen und Völker zu richten. Er kommt nicht mehr als kleines Kind, sondern als der König aller Könige. Wenn Jesus wiederkommt, werden ihn alle Menschen sehen. Das geschieht nicht irgendwo im Hinterhof in Bethlehem, sondern er kommt wieder in den Wolken des Himmels. Wie gehen wir jetzt mit diesen Informationen um? Wie leben wir jetzt weiter? Als Erstes sollten wir festhalten – wir leben in der Endzeit! Seit Jesu Himmelfahrt leben die Menschen in der letzten Zeit der Welt. Viele Zeichen der Endzeit gibt es schon lange:

- Zerstörung Jerusalems und des Tempels
- Zerstreuung des Volkes Israels in alle Welt
- Kriege
- Hungersnöte
- Verfolgung der Christen

Wir haben gesehen, dass bestimmte Anzeichen zunehmen:

- Erdbeben
- Hungersnöte

Wir haben gesehen, dass bestimmte Zeichen erst in dieser Zeit erfüllt oder bald möglich sind:

- Rückkehr Israels
- Neuer Tempel
- Totale Überwachung
- Globale Weltregierung

Was sollen Christen jetzt tun? Sollen sie nun spekulieren, wann Jesus wiederkommt? Nein, das machen schon die Sekten. Selbst Jesus weiß nicht, wann er wiederkommt – das weiß nur sein Vater.

»Von dem Tage aber und der Stunde weiß niemand, auch die Engel im Himmel nicht, auch der Sohn nicht, sondern allein der Vater.« *Markus 13, 32*

Wir sollen nicht spekulieren; aber damit rechnen, dass er jeden Tag wiederkommen kann – dann, wenn wir nicht unbedingt mit ihm rechnen werden.

»Von den Zeiten und Stunden aber, liebe Brüder, ist es nicht nötig, euch zu schreiben; denn ihr selbst wisst genau, dass der Tag des Herrn kommen wird wie ein Dieb in der Nacht. Wenn sie sagen werden: Es ist Friede, es hat keine Gefahr -, dann wird sie das Verderben schnell überfallen wie die Wehen eine schwangere Frau, und sie werden nicht entfliehen.«

1. Thessalonicher 5, 1-3

Die aufgezeigten verheißenen und erfüllten Prophetien fordern unsere Entscheidung. Durch die Bibel erfahren wir, wie zuverlässig und vertrauenswürdig Gott ist. Aus der Bibel dürfen wir dann auch Gottes Forderungen für unser persönliches Verhalten entnehmen. Wenn wir erkannt haben, dass die Bibel in ihren Aussagen und Verheißungen wahr ist, dann sollten wir uns über unsere eigene Situation klar werden. Bin ich bereit, dem Sohn Gottes zu begegnen?

Was können wir tun? Wer Jesus noch nicht kennt, noch keine persönliche Beziehung zu ihm hat, noch kein Christ ist, der hat noch Zeit ihn zu suchen. Durch das Lesen der Bibel und Gespräche mit Christen erfahren Sie mehr über Gottes Willen für Ihr persönliches Leben. Jesus sagt von sich selber:

Ich bin der Weg und die Wahrheit und das Leben; niemand kommt zum Vater denn durch mich. *(Johannes 14,6)*

Durch den Glauben an Jesus Christus steht für jeden Menschen der Weg zu Gott offen. Vielleicht bleibt Ihnen nur noch kurze Zeit zur Korrektur Ihres Lebens. Keiner von uns weiß, wie lange er noch lebt. Die Entscheidung für Gott und seinen Sohn Jesus Christus gestattet keinen Aufschub, weil mit der Wiederkunft Christi oder mit unserem Tod unsere Zeit auf der Erde zu Ende geht. Damit endet auch die Chance, sich für ihn zu entscheiden.

Die Menschen, die Jesus schon kennen, dürfen anderen den Weg zu Gott zeigen. Das ist sicherlich das Wichtigste, was Christen aus diesen Informationen lernen sollen. Der Missionsauftrag war Jesu letzter Auftrag an seine Jünger, als er in den Himmel aufgefahren ist! Die Gemeinde und jeder persönlich soll Menschen die Frohe Botschaft bringen, dass Gott sie liebt. Je mehr wir in der Welt erkennen, dass die letzten Tage angebrochen sind, desto intensiver sollen unsere Bemühungen sein.

Jesus mahnt uns zudem sehr eindringlich, dass wir wachsam sein sollen. In allen Reden spricht er davon, dass wir aufpassen sollen, nicht verführt zu werden.

»Er aber sprach: Seht zu, lasst euch nicht verführen. Denn viele werden kommen unter meinem Namen und sagen: Ich bin's, und: Die Zeit ist herbeigekommen. – Folgt ihnen nicht nach!« *Lukas 21, 8*

Christen sind aufgefordert, Jesus und die Bibel immer besser kennen zu lernen und im Glauben erwachsen zu werden. Ansonsten steht die Gemeinde und jeder Christ persönlich in der Gefahr im Glauben einzuschlafen. Jesus fordert die Menschen heraus im Glauben lebendig zu bleiben und nicht träge zu werden. Wir sollen uns nicht nur mit den Alltagsdingen beschäftigen.

»Hütet euch aber, dass eure Herzen nicht beschwert werden mit Fressen und Saufen und mit täglichen Sorgen und dieser Tag nicht plötzlich über euch komme wie ein Fallstrick.« *Lukas 21, 34*

Das bedeutet nicht, dass jeder seine Arbeitstelle kündigen und in der Wüste auf Jesu Wiederkunft warten soll. Das bedeutet, dass wir Gott an die wichtigste Stelle in unserem Leben stellen sollen und erst dann alles andere. Der Alltag soll uns nicht so in Beschlag nehmen, dass wir keine Zeit mehr für Gott haben.

Eine weitere Verhaltensweise, die uns Jesus mit auf den Weg gibt, ist, dass wir einander lieben sollen.

Ein neues Gebot gebe ich euch, dass ihr euch untereinander liebt, wie ich euch geliebt habe, damit auch ihr einander lieb habt. Daran wird jedermann erkennen, dass ihr meine Jünger seid, wenn ihr Liebe untereinander habt.
Johannes 13, 34+35

Die Liebe untereinander ist DAS Kennzeichen der Christen. Daran werden viele Menschen erkennen, dass die Botschaft der Bibel wahr ist. Gerade in den Zeiten, wo die Liebe in vielen erkaltet. Viele Menschen lassen sich nicht in erster Linie durch Argumente vom Glauben an Jesus überzeugen, sondern von der echten, ungeheuchelten Liebe der Christen untereinander.

Müssen wir ängstlich in die Welt blicken und wie das Kaninchen vor der Schlange gelähmt auf das warten, was kommt? Nein – wir dürfen voller Mut in die Zukunft blicken und uns darüber freuen, dass unser Herr wiederkommt. Unser Gott hält die Welt in seiner Hand – auch wenn man in den letzten Tagen denken könnte, dass die Welt aus den Fugen gerät.

Literaturverzeichnis

Al-Masih, Abd: Der Heilige Krieg im Islam, Licht des Lebens, Villach 1998, 3. Auflage

Baar, Marius: Das Abendland am Scheideweg, Schulte + Gerth, Aßlar 1980, 7. Auflage

Bild-Zeitung, Hamburg

Bublath, Joachim: Chaos im Universum, Droemer, München 2001

Das Sonntagsblatt

Deutsche Welthungerhilfe, Bonn

Die Bibel nach der Übersetzung Martin Luthers, Bibeltext in der revidierten Fassung von 1999, Deutsche Bibelgesellschaft, Stuttgart 1999

Ditfuhrt, Hoimar von: So lasst uns denn ein Apfelbäumchen pflanzen, Knaur Verlag, München 1988

Federal Institute for Geosciences and Natural Resources, Section B3.11, Stilleweg 2, 30655 Hannover, Germany

Frey, Hellmuth: Das Ziel aller Dinge, Verlag der Liebenzeller Mission, Bad Liebenzell 1977, 4. überarbeitete Auflage

Gerth, Klaus: Der Antichrist kommt – Die 80er Jahre – Galgenfrist der Menschheit, Schulte + Gerth, Aßlar 1982

Heijkoop, H. L.: Die Zukunft nach den Weissagungen des Wortes Gottes, Heijkoop Verlag, Schwelm 1985

Hunt, Dave: Die Verführung der Christenheit, Christliche Literatur-Verbreitung e.V., Bielefeld 1987

Hunt, Dave: Jerusalem – Spielball der Völker, Christliche Literatur-Verbreitung e.V., Bielefeld 1996

Jahresbilanz 2002 der Arbeitsgemeinschaft Kriegsursachenforschung, Universität Hamburg

Josephus, Flavius: Der jüdische Krieg, Goldmann Verlag, München 1996, 8. Auflage

Klingberg, Max (Hrsg.): Märtyrer heute – Eine Dokumentation zur weltweiten Diskriminierung und Verfolgung von Christen, Schulte + Gerth, Aßlar 2000

Langhammer, Joachim: Was wird aus dieser Welt? – Erläuterungen zum Heilsplan Gottes, Verlag der Evangeliums-Mission, Bad Salzuflen 1998

McDowell, Josh: Concise Guide to Today's Religions, Scripture Press Foundation Ltd, Amershan-on-the-Hill 1988

Salzburger Nachrichten, Vienna, Österreich

Schick, Alexander: Licht + Leben, Wuppertal, 2001, S. 10-14

Spiegel-Online (Online-Ausgabe des Nachrichtenmagazins Der Spiegel)

Statistisches Bundesamt, Wiesbaden

United Bible Societies 2001

Walvoord, John F.: Harmagedon, Öl und die Nahostkrise, Hänssler Verlag, Holzgerlingen 1982, 3. Auflage

Westdeutsche Allgemeine Zeitung – WAZ, Essen

Westdeutscher Rundfunk – WDR, Siegen

www.bundesregierung.de

www.echelonwatch.org

www.heise.de (Internet Computer-Nachrichteninformationsdienst)

www.israelnetz.de (Informationsquelle über Israel)

www.silicon.de (Internet Nachrichteninformationsdienst)

www.tagesspiegel.de (Internet Nachrichteninformationsdienst)